AF571038

Ein persönliches Wort

„Enttäuschte Liebe ist enttäuschte Erwartung. Wenn keine Erwartungen bestehen, kann keine Enttäuschung eintreten."
(Peter Lauster)

Mit *Gewissheiten* ist es manchmal so eine Sache; man nimmt sie hin, ohne tiefer zu ergründen, warum sie bestehen, oder schlimmer noch, dass sie mitunter in großer Gefahr sind, ohne es zu merken.

So erging es mir auch mit dem Brexit 2016, beziehungsweise mit eurer Volksabstimmung damals. Ich ging arglos zu Bett, um dann am nächsten Tag *mit einem (toten) Kater* aufzuwachen. Ihr *verabschiedetet* euch ohne merkliche Ankündigung praktisch über Nacht; ihr wolltet nicht mehr *mit uns sein.*

Dieses Buch ist in gewisser Weise ein Buch über eine *enttäuschte Liebe*. Es ist eine Niederschrift über die Suche der Ursachen der Abspaltung; und es ist ein Buch über Lug und Betrug, über Verrat und Missbrauch.

Es ist auch ein Buch eingebettet in die aktuellen globalen Umbrüche und Ungewissheiten, die auf uns alle zukommen werden.

Dieses Buch sollte aber auch im Kontext meiner beiden Bücher

- „Mehr Europa wagen - Die Vision, die Überwindung der Staateritis" sowie
- „Mehr Europa wagen - Der Weg, Europaparteien und Europamedien"

gesehen und gelesen werden.

Rodolfo Di Telo

NICHT MEHR EU - ENGLAND

„QUO USQUE TANDEM ABUTERE, BREXITANNIA, PATIENTIA NOSTRA?“

Der (Pyrrhus)Sieg der Brexiteers

Ein Diskussionsangebot an junge und junggebliebene Engländer & Europäer

Bibliografische Information der Deutschen Nationalbibliothek: Die Deutsche Nationalbibliothek verzeichnet diese Publikation in der Deutschen Nationalbibliografie; detaillierte bibliografische Daten sind im Internet über http://dnb.dnb.de abrufbar.

Lektorat: Rodolfo Di Telo
Zeichnungen, Skizzen Rodolfo Di Telo

Herstellung und Verlag: BoD – Books on Demand, Norderstedt

ISBN: 978-3-7557-7735-9

Prolog

„Der Krug geht so lange zum Brunnen, bis er bricht"
(altes mitteleuropäisches Sprichwort)

Verrat und Missbrauch, Lug und Betrug sind hässliche Begriffe und werden erst ganz zum Schluss *ausgepackt*, wenn *der Karren gegen die Wand gefahren* worden ist. Wenn kaum noch eine Chance besteht, dass *der Zug noch auf das richtige Gleis gesetzt* werden kann.

Es beschreibt den Zeitpunkt einer Zusammenarbeit, wenn kein bisschen Vertrauen übriggeblieben ist und man *die eigenen Finger zählt, nachdem man dem anderen die Hand geschüttelt* hat (weil man nicht sicher ist, ob noch alle dran sind).

Das ist das Ergebnis einer über vier Jahre andauernden Austrittsverhandlung zwischen der EU und dem englischen Königreich. Aber kaum war die Unterschrift daruntergesetzt und *die Tinte noch gar nicht trocken*, wurde bereits am Bruch von internationalen Verträgen weitergearbeitet.

Die zu erwartenden Postbrexit-Szenarien waren alle vorher bekannt und wurden trotzdem aus ideologischen Gründen abgestritten, verneint oder ins Lächerliche gezogen.

Jetzt, da jeder Engländer die Folgen sehen und die Auswirkungen spüren kann, wird weiter *mit toten Katzen geworfen* und die Schuld beim Gegner (der EU) gesucht - und gleichzeitig werden alle Nordiren in eine beschämende (Mit)Haftung genommen. Es besteht die große Gefahr, dass der ehemalige Nordirlandkonflikt wieder aufflammen und es abermals zu blutigen Auseinandersetzungen kommen wird.

Das ist alles nur passiert, weil eine kleine *elitäre* Gruppe aus Politikern zusammen mit diversen Medien in England, die sich Vorteile aus dem Brexit erhofften, die englische Gesellschaft für ihre (Polit)Spielchen in (Mit)Haftung genommen hat.

Inhaltsverzeichnis

1.0. ZUSAMMENFASSUNG

«Was auch immer in den nächsten Tagen gesagt wird, dies war kein Angriff auf die Geschichte. Es ist einer dieser seltenen historischen Momente, nach denen die Dinge niemals wieder so werden können, wie sie waren.»
(Quelle: David Olusoga, schwarzer englischer Historiker 2020 zum Sturz von Denkmälern ehemaliger englischer Sklavenhändler)

Auch Hütchenspieler haben *ihre Spiele* irgendwann ausgespielt. Der Langmut vieler Menschen mit diesen scheint manchmal unendlich zu sein, weil sie durchaus mit Witz und Charme agieren und ihr verwerfliches Tun dadurch überspielen, oder dann und wann mittels Drohungen und Lügen Menschen unter Druck setzen wollen. Aber mit der Zeit werden die Leute müde und wollen die traurigen Spiele nicht mehr mitspielen, was die Hütchenspieler dann nicht verstehen und munter weiter machen. Immer wieder finden sie den einen oder anderen, den sie noch *über den Tisch ziehen können* und das kann sich sogar über Jahrhunderte hinziehen.

Aber wie würde meine Mutter zu dieser Entwicklung sagen: „Der Krug geht so lange zum Brunnen, bis er bricht".

Irgendwann ist endgültig Schluss und es wird Zeit, dass Hütchenspieler als solche entlarvt und verurteilt werden; sie müssen an den Pranger gestellt, aus der (europäischen und globalen) Gesellschaft ausgeschlossen, ihre Besitztümer eingezogen und dann so weit wie möglich den ursprünglichen Besitzern zurückgegeben werden; diese sind meist soundso auf unrechtmäßige Art und Weise von *den Eliten* erworben worden.

Es wird Zeit, dass die Weltbevölkerung und vor allem auch die europäische Bevölkerung diese Verträge brechenden Hütchenspieler erkennen und in ihre Schranken weisen. Mit solchen *cherry-pickenden Egoisten ist nicht gut Kirschen essen*; sie müssen gemieden werden bis sie ihr Unrecht selbst erkennen.

Ich war selbst in vielen postkolonialen Ländern Englands unterwegs, wie zum Beispiel in den *ehemaligen Kronjuwelen des British Empire* Indien, Pakistan, Bangladesch, aber auch in den USA, Kanada, Australien und Neuseeland, und auch in Südafrika und Simbabwe (Ex Rhodesien). Darüber hinaus bereiste ich auch ehemalige Kolonien der Länder Holland, Frankreich, Spanien oder Portugal und konnte mir daher selbst ein (sehr) gutes Bild von diesen machen und einen Eindruck gewinnen über deren Lebensgewohnheiten. Auch lernte ich viel über deren Leiden durch Unterdrückung und vor allem den Entzug von Bildungsmöglichkeiten. Gerade auf diesem Gebiet haben alle ehemaligen Kolonialherren kollektiv versagt.

Da ich in einigen Ländern nicht nur *touristisch* unterwegs war, sondern auch berufsbedingt viele Monate dort verbrachte, war es mir möglich, neben den oft unterschiedlichen Kulturstätten auch in die regionale Gesellschaft *einzutauchen*.

Dabei durfte ich gerade in den ehemaligen englischen Kernkolonien Indien, Pakistan und Bangladesch Projekte der Pharmaindustrie planen, bauen und in Betrieb nehmen. Es waren ausnahmslos Transferprojekte mit deutscher Herstellungstechnologie. Ich bereiste für viele Monate und Jahre diese drei Länder und durfte so die Mentalität der Menschen kennenlernen. Ich glaube, gerade wenn man mit Menschen anderer Kulturen ein Projekt gemeinsam zum Erfolg bringen muss, dann muss man sich mit ihnen auseinandersetzen, sonst kann das Projekt zu einem Millionengrab verkommen. Genügend Beispiele gibt es. Auch war ich nicht zu jedem Zeitpunkt eines Projekts *glücklich*, weil ich wieder eine neue Facette *der Landesmentalität* erlebte, die den Fortgang behinderte oder gar (zeitlich) zurückwarf. Aber so ist es halt, *andere Länder, andere Sitten* würde meine Mutter sagen.

Eine intensive Zusammenarbeit bringt Menschen natürlich auch mental und kulturell *zusammen*, es entsteht so etwas wie ein Verständnis für ein gemeinsames Ziel, das man erreichen will (und natürlich muss).

Und es entsteht der Wunsch mehr in die Geschichte *einzutauchen*. Ich war zum Beispiel in Calcutta (heute Kolkata), in Madras (heute Chennai), in Bombay (heute Mumbai), in Delhi, in Bhopal etc, aber auch in Ghandis Ashram in Ahmedabad, Jaipur und Jodhpur, Mount Abu, beim Taj Mahal in Accra, in Kaschmir usw. Und dann in Karachi und Lahore in Pakistan sowie in Dhaka in Bangladesch. Kurz, ich durfte den indischen

Subkontinent in der ganzen Fülle und Breite beruflich wie privat umfangreich kennenlernen.

Ich tat dies *mit offenen und staunenden Augen*, hat doch gerade dieser Subkontinent so viel Geschichte und eine Jahrtausende alte Kultur. Es gibt wohl niemanden auf der Welt, der nicht zutiefst von Ehrfurcht ergriffen wird, wenn er vor dem Taj Mahal stehen darf. So viel Pracht und Schönheit gibt es wirklich selten und ist in dieser Art definitiv einzigartig in der Welt.

Und wenige Regionen in der Welt waren so sehr *im Fokus* europäischer Länder und Menschen wie der indische Subkontinent. Schon den Griechen und Römern waren die exotischen Gewürze und Spezereien Indiens bekannt und beliebt. Pfeffer war im Mittelalter in Europa so begehrt, dass er teilweise mit Gold aufgewogen wurde. Aber es sollte Jahrtausende vergehen, bis die Europäer einen direkten Zugang zu den „indischen Gewürzen" erlangten. Indien war der strategische Grund, warum sich die Portugiesen und zeitgleich die Spanier um die Mitte bis Ende des 15. Jahrhunderts *auf den (See)Weg machten*, um zu den Anbaugebieten der begehrten Gewürze vorzudringen. Die einen (fast) direkt um das südliche Afrika herum, die anderen nach Westen segelnd – und vorerst nicht ahnend dabei einen ganzen Kontinent neu zu entdeckt zu haben. Portugal brach damit das Handelsmonopol der Araber und gleichzeitig der Venezianer. Wie steht es bei Wikipedia:

„Mit der Erschließung des kompletten Seewegs schalteten die Portugiesen den Zwischenhandel von indischen, persischen, arabischen, türkischen und venezianischen Kaufleuten aus. Zusammen mit den hohen Zöllen, die u. a. das Osmanische Reich erhob, hatte dieser Zwischenhandel die Gewürze in Europa extrem verteuert. Die Zerstörung des Handelsmonopols der Venezianer, Türken und Araber im Handel mit Gewürzen machte diese in Europa erschwinglicher und ließ Nachfrage und Angebot steigen.

Zwischen 1506 und 1570 setzte die portugiesische Krone mit Hilfe der Casa da Índia ihrerseits ein offizielles königliches Monopol für alle Einfuhren und Verkäufe von Gewürzen aus dem Gewürzhandel durch. Dieser Monopolhandel war profitabel

und stärkte das Eigenkapital und die Kreditfähigkeit des portugiesischen Staates.
Die Entdeckung und Erschließung des wirtschaftlich günstigeren Seewegs ließ den Asienhandel auf den alten Überlandrouten wie der Seidenstraße oder der Weihrauchstraße stark zurückgehen.
(Quelle: Wikipedia, Seeweg nach Indien)

Und ja, dieser epochale wirtschaftliche und kulturelle Wandel ist der Ausgangspunkt meiner Betrachtung; es ist der Übergang vom Mittelalter in die Neuzeit und es ist auch der Beginn des Aufstiegs Englands zum „British Empire", das seine maximale Größe in der ersten Hälfte des 20. Jahrhunderts erreichte. Es dauerte also ca. 400 Jahre bis zur größten Macht und Ausdehnung, aber es brauchte dann nur ein paar Jahrzehnte, um praktisch komplett zu zerfallen. Übrig blieb ein Inselstaat, der wirtschaftlich am Boden lag und froh war in der EWG der 1970er-Jahre unterzukommen. Naja, das ist (europäische) Geschichte.

2016 kam es zu einem Austrittsreferendum in England, das die Brexiteers gewannen und es dauerte noch vier Jahre bis zum tatsächlichen Austritt Englands aus der EU selbst. Aber warum wollten die Brexiteers in der heutigen Zeit so schnell aus der EU ausscheren? Was waren die Treiber zu so einer tiefen und weitreichenden Entscheidung, die dieses Land die nächsten Jahrhunderte prägen wird? Und was erhoffen sich die Brexiteers von dieser Zukunft?

Verkürzt dargestellt, die Brexiteers träumten von der *ruhmreichen Vergangenheit*, als England nicht nur ein Inselstaat, sondern eine globale Macht war, das „British Empire" also. Und dorthin wollen die Brexiteers wieder hin. Das von Boris Johnson definierte „Global Britain" soll eine Art *Wiederauferstehung alter Macht* sein, ein *British Empire reloaded* sozusagen.

Es ist aber meines Erachtens mehr ein Weg *zurück in die Vergangenheit*. Es ist ein Weg in die englische Mystik von *Macht und Herrlichkeit*, es soll das Aufleben der tief verwurzelten *Englishness* bedeuten.

Aber es wird nach meinem Dafürhalten eher ein Alptraum werden, ein Pyrrhussieg also. Die inneren Friktionen des Vereinigten Königreichs traten während der ganzen Brexit-Verhandlungen offen zutage und lassen sich nicht mehr zukleistern, zu tief sind die aufgerissenen Gräben schon zwischen England und den anderen Ländern Schottland, Nordirland, aber auch gegenüber Wales. Früher oder später wird ein „Kleinbritannien" übrigbleiben, darauf würde ich *wetten,* wäre ich ein Engländer.

Aber was war das „British Empire" wirklich? Wie ist es entstanden, wo waren die Wurzeln? Worauf beruhte die *Großartigkeit* des Empires? Worauf basiert diese *Anziehungskraft*?

Deshalb bin ich auf geschichtliche (und geographische) *Spurensuche* gegangen, um mir selbst ein Bild von diesem *sagenhaften* „British Empire" zu machen. Zwar konnte ich auf ein fundiertes Basiswissen in Geographie und Geschichte aus meiner Gymnasialzeit zurückgreifen und diese Kenntnisse laufend erweitern. Außerdem war ich und bin ich soundso *geschichts- und geographieaffin*, die Länder *draußen in der Welt* haben schon während meiner Kindheit mein großes Interesse geweckt, der Schulatlas war mein ständiger Begleiter und so ferne Städte wie Hongkong oder Bombay, New York oder Sydney übten einen besonderen Reiz in mir aus.

Da *wollte ich hin*, diese Städte und die dazugehörigen Länder wollte ich bereisen. Und ja, dieser innere Wunsch war wohl *der Vater meiner (Fernsehnsuchts)Gedanken*, die *mich trieben,* meine berufliche Laufbahn in internationalen Unternehmen aufzugreifen. Ich habe es nie bereut, konnte ich doch auf diese Weise relativ günstig weit entfernte Länder und Kontinente entdecken sowie die unterschiedlichen Kulturen und Mentalitäten für mich erschließen.

Unterstützt durch die heutigen Informationen über das Internet sowie die wunderbaren Geschichts- und Kultursendungen im Fernsehen, habe ich mich speziell durch die englische Geschichte sowie die des „British Empire" *durchgefressen.*

Aber je mehr ich mich damit beschäftigte, umso abschreckender und abstruser wurde das Bild vom *glorreichen Empire*. Es tat sich für mich ein Abgrund auf an Grausamkeit, an Brutalität, an Machtgier und an Menschenverachtung wie ich mir es nicht vorstellen konnte und auch nicht wollte. Egal welches (Geschichts-)Dokument ich öffnete, egal welches Magazin ich las, es reihte sich eine gruselige Geschichte an die andere. Mit jedem Artikel, den ich fand, es wurde mir immer unverständlicher, worin eigentlich dieses „British Empire“ seine Anziehungskraft heute noch besitzen soll.

Diese himmelschreiende Menschenverachtung, welche während des Empires geherrscht hat, kann doch *kein Ziel* für die heutige englische Bevölkerung sein. Seeräubertum, koloniale Ausbeutung und Sklavenhandel verbunden mit Rechtsbiegung und Vertragsbruch kann doch nicht die Basis sein für ein multikulturelles und rechtskonformes Zusammenleben in unserer heutigen Zeit.

Aber je länger ich *eintauchte in die imperiale Vergangenheit* Englands, umso mehr Parallelen fand ich zu den Handlungen der aktuellen englischen Brexiteers. Ich bin überzeugt, dass bis heute kein englisches Schulkind über diese Grausamkeiten je erfahren hat oder erfahren wird.

Beispielhaft ist die momentane *Diskussion* um das völkerrechtlich vereinbarte Nordirlandprotokoll zwischen der EU und Großbritannien. Fast täglich nörgeln irgendwelche Brexiteers wie ein David Frost, ein Dominic Raab und auch ein Herr Johnson an diesem Dokument herum, das sie selbst aber unterschrieben haben, und das vom House of Lords sowie von Königin Elisabeth II. gegengezeichnet wurde. Sie haben gewusst, was sie unterzeichnet haben, unterlaufen aber (fast) stündlich die Vereinbarung und beschimpfen und beleidigen die EU dabei.

Ganz ähnlich fällt mir dazu der „Vertrag von Waitangi“ vom Jahr 1840 von Neuseeland ein, bei dem *Missverständnisse* in der Übersetzung zwischen Englisch und der Maorisprache zu einem jahrhundertelangen Streit zwischen der Urbevölkerung und den eingewanderten Siedlern führte und es erst 1975, nach jahrzehntelanger Unabhängigkeit, von den nachfolgenden Regierungen zu einer halbwegs gedeihlichen Regelung kam.

Oder zum Beispiel die Art und Weise wie die aktuelle englische Regierung mit den bereits in England wohnenden Europäern umgeht, ihnen ein äußerst kurzfristiges *Ultimatum* stellt, sich bis zu einem bestimmten Zeitpunkt zu melden, sonst werden sie als *illegale Einwanderer* bestraft und abgeschoben. Diese *Umgangsform* kommt der Behandlung der indischen Bevölkerung während der britischen Kolonialzeit sehr nahe.

Oder die schlichte Leugnung, dass ein Großteil des vorhandenen Bildungssystems auf „Stiftungen" seitens übertrieben reicher *englischer Philanthropen* beruhte, die ihr Vermögen durch Raub, Plünderung und Ausbeutung von Kolonien und Sklaven machten.

Ich habe den geschichtlichen Teil mit der Regierungszeit Elisabeths I. (ca. zweite Hälfte des 16. Jahrhunderts) begonnen, da mit Elisabeth I. eine Art *industrielle Seeräuberei* in England eingeführt wurde, Seeräuberei als Geschäftsmodell sozusagen, um dann in den weiteren Kapiteln auf den (englischen) Sklavenhandel sowie die koloniale Ausbeutung einzugehen.

Seeräuberei, Sklavenhandel und koloniale Ausbeutung waren *die drei Säulen des wirtschaftlichen „British Empire".* Die Marine war das hochaufgerüstete *Exekutiv-Instrument*, wenn Vertragsbruch und Betrug nicht (mehr) ausreichten.

Das System „British Empire" funktionierte ähnlich wie das Römische Reich auch schon, die Kolonien lieferten *den Stoff*, *das Material* (Waren und Sklaven) und das römische Heer sorgte für die „Pax Romana". Vertragsbruch und Betrug gehörten ebenso zum *täglichen römischen Geschäft*.

Und da soll einer sagen *Geschichte wiederhole sich nicht*. Allerdings kommt die Wiederholung der Geschichte mit den Brexiteers diesmal *als Farce* (Karl Marx) daher; das vorherige „British Empire" war über Jahrhunderte eine einzige Tragödie für Millionen und Abermillionen von Menschen auf der ganzen Welt gewesen. Darauf sollten und dürfen die Engländer wahrlich nicht stolz sein.

Lieber Leser und liebe Leserin, ich bin mir sicher, Sie werden viele Passagen in der Geschichte des Empire (wieder)finden und sich die Augen reiben, wie nah diese sich am aktuellen politischen Geschehen bewegen.

2.0. ÜBER SEERÄUBER

„Sollte ich einmal einen Sohn haben, soll er etwas Prosaisches werden: Jurist oder Seeräuber“
(Lord Byron)

Ja, die Seeräuberei hat in England eine *jahrtausendalte Geschichte* und wird auch noch *prosaisch* verklärt, wobei die Benennung von Juristen in einem Atemzug mit Seeräubern gemäß Lord Byron nicht einer gewissen Ironie entbehrt. Dazu aber mehr in Kapitel 8, die Hütchenspiele der englischen Eliten.

Das Leben auf Kosten der anderen, also die Seeräuberei in Verbindung mit Sklavenhandel, geht in England zurück bis zu den Wikingern, die ausgehend ab dem 5. Jahrhundert vom Norden kommend immer wieder die kontinentalen Küsten Europas überfielen, aber auch die damalige, vorwiegend keltische Bevölkerung in England und Irland ausplünderten und teilweise brutal umbrachten und/oder versklavten. Mehrere Jahrhunderte danach, circa ab dem 8. Jahrhundert, aber fühlten sich die (vorwiegend dänischen) Wikinger in England so wohl, dass sie sich auch auf der Insel niederließen, um von dort aus dann ihre Raubzüge zu planen und durchzuführen. Dabei *verdrängten* sie die keltische Urbevölkerung in den hohen Norden (das heutige Schottland) sowie auf die irische Insel. Die heutige Stadt York (römisch Eboracum) bildete für lange Zeit das Zentrum der englischen Wikinger.

Das *(gute) Leben auf Kosten anderer zu führen* ist also den englischen *Eliten* seit Hunderten von Jahren in gewisser Weise *in die Wiege gelegt*. *Stolzes Entdeckertum* in Verbindung mit geschicktem Welthandel wird aber *ungern mit den Kollateralschäden* durch Beutemacherei, Versklavung und Landraub verknüpft. Fairerweise muss aber in gleichem Atemzug erwähnt werden, dass das nicht nur *die Engländer* machten, sondern fast alle König- und Fürstentümer in Europa auch, die die wirtschaftlichen und finanziellen Möglichkeiten dazu hatten.

Da spricht man in England auch heute noch (und wieder) lieber von der *großartigen Seefahrernation* und lässt die unrühmliche Seite *unter den Tisch fallen*.

Während üblicherweise erwischte Seeräuber weltweit sofort am nächstbesten Mast gehängt wurden, wurden *verdiente englische Seeräuber* ab Elisabeth I. geadelt und durften unbehelligt einen ruhigen Lebensabend verbringen, oder wurden sogar noch mit einträglichen Posten ausgestattet.

Eine einzige Bedingung war allerdings an die Seeräuberei geknüpft, sie erhielten ein Seefahrerpatent nur, wenn sie einen bestimmten Teil der Beute, man spricht von ca. einem Viertel bis zur Hälfte der Beute, an die englische Krone ablieferten. Meist lief die Seeräuberei noch als *sogenanntes Dreiecksgeschäft* in Zusammenhang mit dem Sklavenhandel ab.

Weil Seeräuberei für England ein derart einträgliches Geschäft war, wurden viele Seeräuber von der Krone in den Dienst gestellt. Königin Elisabeth I. hatte dafür eine sehr griffige Bezeichnung, sie bezeichnete sie einfühlsam als *ihre Seehunde*. Dabei hatte sie wohl gar keine Skrupel, weil die prioritären Ziele geplündertes Raubgut von den Spaniern und Portugiesen waren.

Es war also *Raubgut vom Raubgut*, mathematisch etwas frei übersetzt (-) x (-) = (+), aus einem 2x negativ besetzten Raubgut wird also ein positiver Besitz daraus. Das dachten sich wohl über die Jahrhunderte hinweg alle *Eliten* in England und machten daher enorm viel Gebrauch davon - und die jeweiligen royalen Dynastien mischten kräftig mit.

Ich denke, an *diese verschwurbelte mathematische Formel* klammern sich heute noch die *englischen Eliten* und wollen nicht zugeben, dass das derzeit angehäufte Vermögen in England auf Raub, Sklavenhandel, Ausbeutung sowie Lug und Betrug aufgebaut ist.

Zurück zu den Anfängen; berühmte und bekannte Seeräuber unter Elisabeth I. waren

- *Sir* Francis Drake
- *Sir* Michael Geare
- *Sir* John Hawkins
- *Sir* James Lancaster
- Nathaniel Butler
- *Sir* Henry Mainwaring

- John Oxenham
- William Parker
- *Sir* Amyas Preston
- *Sir* Walter Raleigh
- *Sir* George Somers

Dabei fällt auf, dass gerade unter Elisabeth I. besonders viele Seeräuber geadelt wurden. Die Zeit für Kolonien, also geraubtem Land war noch *nicht reif.*

Bei www.lernhelfer.de/schuelerlexikon/geschichte kann man viel über die englischen Seeräuber lesen:

„Francis Drake, Freibeuter der englischen Königin Elisabeth I., gehörte zusammen mit John Hawkins zu den bekanntesten Piraten und Sklavenhändlern der englischen Krone und zu den Mitbegründern des transatlantischen Dreieckshandels zwischen Europa, Afrika und Amerika. Bereits in jungen Jahren war Drake an Hawkins' Kaperfahrten beteiligt. Sie fingen Sklaven an der Guinea-Küste Westafrikas und verkauften sie an die Plantagen- und Bergwerksbesitzer in Mittel- und Südamerika. Die Kaperfahrten von Drake erfolgten teils im Auftrag und mit Zustimmung der englischen Königin und waren Teil der Auseinandersetzungen zwischen der damaligen Weltmacht Spanien und der aufsteigenden See- und Weltmacht England. Ebenfalls im Auftrag der englischen Königin umsegelte Drake auf der Suche eines Seewegs nach Indien die Erde.

Nach dieser Weltumseglung wurde Drake geadelt, war hoch geehrter Bürgermeister von Plymouth und Mitglied des englischen Parlaments. Dort steht auch ein Denkmal von ihm. Er war als Vizeadmiral außerdem maßgeblich am Sieg der englischen Flotte über die spanische Armada Philipps II. beteiligt."
(Quelle: www.lernhelfer.de/schuelerlexikon/geschichte)

Wie steht es weiter bei www.england.de, der offiziellen Webseite des Touristikbetreibers Visit Britain Shop, über Sir Francis Drake:

„Den Ritterschlag ließ sie deshalb von einem französischen Gesandten ausführen. So erhielt Sir Francis Drake, ein Pirat,

die *Würdigung für seine Verdienste* und seine Loyalität gegenüber der englischen Krone."
(Quelle: www.england.de/Sir Francis Drake, Visit Britain Shop)

Dafür, dass Francis Drake ein Seeräuber und Sklavenhändler war, steht er berechtigterweise immer noch als Denkmal über dem Plymouth Hoe und grinst höhnisch auf die vielen Nachkommen englischer Sklaven herunter. So viel rassistische Beleidigung und Herabwürdigung der Nachkommen darf schon sein; auch im zukünftigen *Global Britain* von Boris Johnson.

Die Webseite www.lernhilfe.de schreibt über John Hawkins:

„Zu den ersten englischen Sklavenhändlern gehörte John Hawkins aus Plymouth. Hawkins transportierte erstmals 1563 etwa 300 Sklaven, die er von portugiesischen Schiffen geraubt hatte, vom westafrikanischen Sierra Leone zur „westindischen" Insel Hispaniola. Dort tauschte er sie bei den spanischen Plantagenbesitzern gegen Häute, Zucker, Ingwer und Perlen ein. Ihm war auf den Kanaren zu Ohren gekommen, dass die Plantagen und Bergwerke auf Hispaniola förmlich nach afrikanischen Sklaven hungerten.

Ein Jahr später organisierte Hawkins den nächsten Sklaventransport in die Neue Welt. Diesmal kaperte er aber keine portugiesischen Sklavenschiffe, sondern begab sich selbst zur Sklavenjagd an Land. Zu den Gewinnern dieser Fahrt gehörte auch die englische Königin, die einen Teil des Gewinns als Entgelt für den von ihr ausgestellten Kaperbrief erhielt. Elisabeth I. wiederum wusste Hawkins' Verdienste zu würdigen. Er wurde zum Schatzmeister der königlichen Flotte ernannt.

Hawkins bediente sich schon auf dieser zweiten Reise einer Methode, die später allgemein üblich wurde: Die Sklavenjäger nutzten Stammesgegensätze und hetzten verfeindete afrikanische Stämme aufeinander. Vom Sieger kauften sie dann die menschliche Beute ab."
(Quelle: www.lernhilfe.de/ John Hawkins)

Zur Info, in Plymouth ist ebenfalls ein öffentlicher Platz nach Sir John Hawkins benannt.

Wie ergings dem Seeräuber Nathaniel Butler? Er wurde nach seiner Seeräuberkarriere zum Kolonialgouverneur von Bermuda ernannt.

Wie ergings dem Seeräuber Sir James Lancaster? Er wurde später mit dem Posten des Geschäftsführers der East India Company beschenkt.
(Quelle: www.de.qaz.wiki/wiki/List_of_pirates)

Diese Seeräubergeneration lebte unbehelligt und gedeckt von den englischen Königen im 16. und frühen 17. Jahrhundert.

Aber so ging es munter weiter in der englischen Seeräubergeschichte. Je mehr Beute die Seeräuber machten und je mehr die englische Krone daran verdiente, umso *schneller wurde geadelt*, umso ruhmreicher wurden *die Seehunde* in England behandelt. Je mehr Vermögen durch Raubgut gemacht wurde, auch im Zusammenhang mit dem ausufernden Sklavenhandel, umso mächtiger und reicher wurden die englischen Eliten. Sie wurden geehrt und wurden als *gerngesehene Stifter* auch noch in die *Reihe von Philanthropen* gestellt. So zum Beispiel der zweifelhafte Edward Colston (1636-1721), der seinen Reichtum auf einem skrupellosen und maßlosen Sklavenhandel gründete und später dann viel von seinem Vermögen an die Stadt Bristol stiftete. Dafür wurde er als *großer Philanthrop* geehrt.

Ist das *des (englischen) Pudels Kern*? Will Boris Johnson *in diese Fußstapfen treten*, wenn er wieder vom *Global Britain* spricht? Ist es das, was Johnson unter *englischer Philanthropie* versteht, mit er *die Welt beglücken* möchte?

Ja, das klingt *wahrlich prosaisch*! Da wird in England *Plünderung zum großen Verdienst* erklärt und dafür wurden Plünderer in den Adelsstand erhoben.

Es darf in diesem Zusammenhang die Frage abgeleitet werden, *wie viel Seeräuberei* in den englischen Eliten denn heute noch steckt und *wieviel seeräuberische Beute* in den aktuellen adeligen Vermögen noch zu ergründen wäre? Vermögen *fällt bekanntlich nicht vom Himmel*, sondern wurde und wird *irgendwie* erwirtschaftet und vor allem auf wessen Kosten.

Und wie viel *seeräuberische Beute* steckt davon in den jeweiligen *royalen Hinterlassenschaften*? Vom Haus Stuart und Königin Elisabeth I. wissen wir es genau. Elisabeth I. hat offen zugegeben, dass sie Nutznießer von Seeräuberei und Sklavenhandel war und ihren Reichtum damit aufbaute.

Aber wie stehts um das Vermögen der heutigen Krone? Wann und wie hat sie ihr Milliardenvermögen erwirtschaftet? Wie kamen denn die vielen Inseln und Inselchen in den Besitz der englischen Krone? Ich denke, das wäre eine interessante Aufgabe für einen oder sogar mehrere Doktoranden in Geschichtswissenschaften. Immerhin soll die englische Krone Besitztümer im Wert von ca. 13,4 Mrd. Pfund (i.e. ca. 15 Mrd. €) haben.
(Quelle: Wikipedia, Crown Estate)

Eine bewiesene Tatsache ist aber, dass das ehemalige British Empire auf Seeräuberei basierte und dann im Laufe der Jahrhunderte ihren Machtzuwachs mittels Sklavenhandel und Ausbeutung von Kolonien in Übersee ausbaute. Dabei waren die anfänglichen Seeräuber oftmals gern gesehene Kapitäne und Admiräle der britischen Seeflotte. Zwischen Seeräubertum und britischer Marine herrschte ein breiter und (sehr) durchlässiger Übergang.

Die *englischen Eliten* waren nicht wählerisch; *sie kauften gerne kostenlos ein*, sie stahlen es einfach *ohne mit der Wimper zu zucken*, auch bei der Verwendung von Patenten anderer.

Ein Beispiel dazu ist die Erfindung und das Patent über die Schiffsschraube des Österreichers Josef Ressel (1793-1857). Wie schreibt dazu der WDR: „Mehrere Ingenieure in England und Frankreich reichen in den folgenden Jahren Patente ein, die auf Ressels Arbeiten beruhen. Als erstes schraubengetriebenes Handelsschiff nimmt im Winter 1837 die englische "Novelty" mit Propellern des *Erfinders* John Ericsson den Dienst auf."
(Quelle: WDR „11. Februar 1827, Josef Ressel erhält Patent auf die Schiffsschraube")

Tja, was soll ich sagen: „*Be afraid of all these clowns*"! Das, was auf Johnson gemünzte Poster bei diversen Protestkundgebungen waren, hatte schon all die Jahrhunderte vorher ihre unrühmliche Wirkung entwickelt.

3.0. ÜBER SKLAVENHÄNDLER

„Herrsche, Britannia! Britannia beherrsche die Wellen; Briten werden niemals Sklaven sein“
„Rule, Britannia! Britannia rule the waves; Britons never will be slaves”
(*A grand ode in honour of Great Britain,* James Thomson und David Mallet)

Ich frage mich wirklich, was sich die heutigen Nachfolger der Sklaven aus den vormaligen englischen Kolonien denken, wenn sie unter dem Denkmal eines ehemaligen Sklavenhändlers (zum Beispiel dem des Edward Colston) oder auf einem öffentlichen Platz (zum Beispiel auf dem Sir John Hawkins Place) stehen und dann gerade volltrunkene Engländer das oben genannte Lied grölen.

Ich kann mir dann bildhaft vorstellen, dass so manchem farbigen Engländer *die kalte Wut packt* und ihm dabei *der Feitl in der Tasche aufspringt* über so viel tiefsitzendem Rassismus und frostig kalter englischer Arroganz.

Weil Sklavenhändler oder Sklavenhalter dürfen Engländer bitte schon sein, aber niemals selber Sklaven! Welch brutalst mögliche Überheblichkeit herrscht heute noch in den Köpfen der *englischen Eliten*!

Aber gehen wir zurück zu den Anfängen, zu Elisabeth I.; gehen wir zurück in die *prosaische englische Geschichte von Seeräubertum (Lord Byron) und Sklavenhandel*. Unterlagen dazu gibt es zur Genüge und sie zeigen die Brutalität und niederträchtige Haltung der *englischen Eliten*.

Zum Beispiel der schon im Seeräubertum benannte *Sir* John Hawkins, der schon frühzeitig Seeräubertum mit Sklavenhandel kombinierte.

Zu seinen lerneifrigen Helfern gehörte auch der in England sehr bekannte *Sir* Francis Drake, auch er *ein Seehund der Königin*. Wie steht es bei www.lernhilfe.de:

„Bereits in jungen Jahren war Drake an Hawkins' Kaperfahrten beteiligt. Sie fingen Sklaven an der Guinea-Küste Westafrikas und verkauften sie an die Plantagen- und Bergwerksbesitzer in Mittel- und Südamerika“
(Quelle: www.lernhilfe.de/schuelerlexikon/geschichte)

Sklavenhandel entstand in England also gleichzeitig mit dem englischen Seeräubertum. Seeräubertum sowie Sklavenhandel waren sozusagen die beiden Seiten derselben Medaille. Es war die Zeit, da war England (noch) nicht *das British Empire* des anfänglichen 20. Jahrhunderts und so raubten und plünderten sich die englischen Eliten durch die globalen Meere; sie nahmen mit, was sie nur erwischen konnten. Und Elisabeth I. zwinkerte mit den Augen und ermunterte *ihre Seehunde* noch brutaler bei den Raubzügen mitzumachen. England hatte (noch) keine Kolonien und so herrschte *freie Seeräuberfahrt* mit Zustimmung der Krone. Wenn dabei ergänzend der Sklavenhandel mit verbunden werden konnte, dann war das ein optimales Geschäft.

Erst als England begann ebenso Kolonien in Besitz zu nehmen und *die ehemaligen Seehunde* (Elisabeth I.) auch die englischen Handelsschiffe bedrohten, erst dann begann ein Umdenken in der englischen Politik und die vormals geduldeten Seeräuber wurden stringent verfolgt.

Damit wurde zwar das (*prosaische*) Seeräubertum in ihre Schranken verwiesen, aber dafür blühte der Sklavenhandel erst so richtig auf. Und auch da waren die englischen Eliten wieder federführend dabei.

Was schreibt die Deutsche Welle (DW.com) am 18.06.2020 zum Thema englischer Sklavenhandel:

„Großbritannien und der lange Schatten der Sklaverei.

Das patriotische Lied "Rule Britannia" versprach den Briten, sie würden "niemals Sklaven sein". Viele Nicht-Briten konnten davon nur träumen. (...) Das Land war im 17. und 18. Jahrhundert tief in den Sklavenhandel verstrickt" und „die industrielle Revolution und der Beitrag der Sklaverei zur britischen Wirtschaft waren sehr eng miteinander verflochten", so Richard Toye, Professor für Geschichte an der University of Exeter, zur DW. "Es ist deshalb schwierig, die langfristigen Auswirkungen der Sklaverei genau zu bestimmen.

Nach Berechnungen des Historikers David Richardson haben britische Schiffe mindestens 3,4 Millionen gefangene Afrikaner nach Amerika transportiert. Die Gesamtzahl der von europäischen Händlern transportierten afrikanischen Sklaven wird auf zwölf Millionen Menschen geschätzt.

Profite durch Sklavenarbeit

Im Rahmen des "Atlantischen Dreieckshandels" segelten mit Waren beladene Schiffe von Großbritannien zur Küste Westafrikas und tauschten die Waren gegen Sklaven, die lokale Herrscher gefangengenommen hatten. Die Sklaven wurden über den Atlantik transportiert und zur Arbeit auf Plantagen gezwungen. Die Produkte dieser Sklavenarbeit - für den Export bestimmte Pflanzen, Zucker oder Rum - wurden dann von den Schiffen zurück nach Großbritannien gebracht.

Vor allem Zuckerplantagen machten britische Kolonien besonders wertvoll. Und auf britischer Seite entwickelten sich Bristol, Glasgow und Liverpool durch den Handel bis Ende des 18. Jahrhunderts zu bedeutenden Hafenstädten.

"Großbritanniens Sklavenwirtschaft war riesig und äußerst komplex", so Ryan Hanley, Geschichtsdozent an der Universität Exeter, zur DW. "Es ist zwar nicht möglich, die britischen Gewinne aus der Sklaverei genau zu beziffern. Sicher ist aber, dass die Wirtschaft von der Ausbeutung afrikanischer Sklaven in der Karibik enorm profitiert hat."
(Quelle: DW.com, „Großbritannien und der lange Schatten der Sklaverei")

So war es also, der (neue) Sklavenhandel begann in England im 16. Jahrhundert, zusammen mit dem elisabethanischen Seeräubertum und führte hinein bis in das frühe 19. Jahrhundert.

Der Friede von Utrecht im Jahr 1713 mit dem Ende des spanischen Erbfolgekrieges brachte einen großen *Wendepunkt in der Geschichte* zum Vorteil Englands. Wie ist dazu bei Wikipedia zu lesen:

„Großbritannien erhielt Gibraltar und Menorca, außerdem das Monopol für den Sklavenhandel mit den spanischen Kolonien in Amerika (Asiento de negros); Frankreich musste in Neufrankreich die Insel Neufundland, Neuschottland und Neubraunschweig und ein Gebiet um den Hudson Bay an Großbritannien abtreten". Weiter steht dort geschrieben: „Am stärksten profitierte Großbritannien vom Frieden von Utrecht. Es hatte erstmals den neuen Gedanken des Gleichgewichts ins Spiel gebracht und es gewann strategisch wichtige Flottenstützpunkte im Mittelmeer. Seine Position als Großmacht zur See konnte es damit ausbauen. Die Vergrößerungen seiner Besitzungen in Nordamerika legten die Grundlage für Britisch-Nordamerika".

(Quelle: https://de.wikipedia.org/wiki/Friede_von_Utrecht)

Sklavenhandel (und der Beginn von Landraub) waren also DIE wirtschaftlichen Treiber, auch noch mit Beginn der industriellen Revolution im auslaufenden 18. Jahrhundert. Wie oben von Herrn David Richardson ermittelt, haben englische Schiffe ca. 3,4 Millionen afrikanische Sklaven transportiert.

Wer waren aber diese Engländer, die in so einem großen Umfang Sklavenhandel betrieben. Bei der Suche nach Händlern fallen immer wieder zwei, drei Personen auf, auf die in allen Geschichtsbüchern und zeitlichen Dokumenten hingewiesen wird, weil sie wohl besonders geldgierig und skrupellos vorgingen, gleichzeitig aber als *Wohltäter und Philanthropen* in ihren Heimatstädten wirkten, sodass ihnen postum diverse Denkmäler gesetzt wurden.

Edward Colston (1636-1721):

Bei Wikipedia findet sich eine eigene Website:

„Edward Colston war ein britischer Unternehmer, Sklavenhändler und Politiker. Er war an der Versklavung von mehr als 80.000 Menschen beteiligt.

Ab 1680 war er stark im Sklavenhandel tätig, aus dem er den Großteil seines Reichtums schöpfte. Er war 1680 bis 1692 aktives Mitglied der Royal African Company (RAC) und wurde dort von 1689 bis 1690 zum stellvertretenden Gouverneur ernannt. Die RAC war eine Handelsgesellschaft, die von der königlichen Familie Stuart und Händlern der City of London gegründet wurde, und besaß ab 1662 in England das Monopol für den Handel mit Gold, Silber, Elfenbein und Sklaven an der Westküste Afrikas.

1683 wurde Colston in die „Society of Merchant Venturers“ in Bristol aufgenommen und zu diesem Zeitpunkt als „Westindischer Kaufmann“ beschrieben. Die 1680er Jahre waren seine lukrativsten Jahre, einem Bericht zufolge soll er über 40 Schiffe besessen haben. Bereits 1682 verwendete er die Gewinne aus dem Sklavenhandel für Geldverleihgeschäfte.“

Weiter beschreibt Wikipedia: „Während Colston den Großteil seines Lebens in Mortlake westlich von London lebte, trat er in seiner Heimatstadt Bristol mit beachtlichen Geldsummen als Förderer von Schulen, Kirchen, Kranken- und Armenhäusern in Erscheinung und galt daher lange als Philanthrop. (...) Colston begrüßte die Revolution von 1688 und etablierte sich schnell bei der neuen Regierung, indem er erstens der neuen Regierung mehrere Darlehen vorstreckte und zweitens Wilhelm von Oranien, der sich wegen seines militärischen Erfolgs als König von England, Schottland und Irland in Personalunion betrachtete, Aktien der RAC im Wert von 1000 Pfund verkaufte. 1692 zog sich Colston aus der RAC zurück, setzte aber den Sklavenhandel privat fort.“
(Quelle: https://de.wikipedia.org/wiki/Edward_Colston)

Seine Vita ist wohl typisch für diese Zeit in England. Während Colston also über 80.000 Sklaven *vertickte*, wovon 19.000 während des Transports starben, spendete er große Summen an soziale Einrichtungen in seiner Heimatstadt Bristol. Er trat als *großer Wohltäter und Philanthrop* auf. Beispielsweise sind die Colston Hall, Colston Straßen, Closton Büros etc. nach seinen *Wohltätigkeiten* benannt.

Das muss man sich auf der Zunge zergehen lassen, über 80.000 Sklaven verkaufen und davon 19.000 Tote billigend in Kauf zu nehmen und dann sich als *Philanthrop* („Menschenfreund“) betiteln zu lassen. Was muss das für ein Hohn gegenüber der heute lebenden farbigen Bevölkerung sein!

Christopher Codrington (1668 - 1710)

Christopher Codrington ist einer von mehreren Codringtons, die ihren (sehr großen) Reichtum durch den Besitz von Plantagen auf Barbados aufbauten; in der Mitte stand die Ausbeutung von Sklaven, die wiederum mittels Sklavenhändlern aus Afrika herantransportiert wurden. Da er praktisch kinderlos blieb (er hatte wohl einen unehelichen Sohn mit einer Sklavin, der finanziell abgefunden wurde), vererbte er einen großen Teil seines Vermögens an das *All Souls College in Oxford* zum Aufbau einer Bücherei inkl. Anschaffung der Bücher, der heutigen *Codrington Library*.

Dafür steht heute noch ein Denkmal vor der Universität von Oxford.

Sein Vater war ein Oberst der englischen Armee und wohl ein gewiefter Taktierer bei der Inbesitznahme (i.e. Raub) von Landgütern auf den Inseln Barbuda und Antigua. Er war erfolgreich in verschiedenen lokalen Kriegen gegen französische Einflussnahmen.

Das alles gerne nachzulesen bei Wikipedia sowie in einem sehr guten Artikel der Oxford Mail „The shameful truth of how slavery paid for fine library" vom 28.02.2014.

Da steht unter anderem auch, dass das englische Parlament im Jahre 1834 summarisch 20 Mio. Pfund (2014 ca. 16,5 Mrd. Pfund) Ablöse an die ehemaligen Sklavenbesitzer zahlte, um die Sklaven freizustellen (als *loss of prope*rty, deutsch Verlust von Besitz). Die Sklaven selbst sahen davon natürlich keinen Pence.

Robert Milligan (1746-1809)

Bei Wikipedia findet sich eine (englische) Website:

„Robert Milligan was a prominent Scottish merchant and slaveowner, and was the driving force behind the construction of the West India Docks in London."
(Quelle: https://en.wikipedia.org/wiki/Robert_Milligan_(merchant))

In einer recht detaillierten Zusammenfassung beschreibt Wikipedia weiter seine Lebensgeschichte. Im Kern geht es darum, dass er bereits in noch recht jungen Jahren in den Sklavenhandel auf Jamaika eingestiegen ist und dort die ansässigen Plantagenbesitzer mit *frischen Sklaven versorgte*; dann ging es weiter mit dem Erwerb eigener Plantagen (Zuckerrohr) und in weiterer Folge zurück nach London, um dort den *West India Quay* an der Themse zu finanzieren und zu bauen (zusammen mit weiteren Geldgebern). Für die Erstellung des Quays erhielt er das Einfuhrmonopol für alle westindischen Waren wie Rum, Zuckerrohr sowie Kaffee, und das für 21 Jahre. Milligan beherrschte damit die gesamte Lieferkette westindischer Waren, von der Herstellung (eigene Plantagen und Sklaven) bis hin zum Verkauf in England. Heute würde man das *mit einer Lizenz zum Geld drucken* umschreiben.

Milligan (und nicht nur er alleine) war also in gewisser Weise ein (skrupelloser) *Investor*, der seinen (späteren) Reichtum auf dem Rücken von vielen Tausenden von Sklaven errichtete.

Für seine *wirtschaftlichen Großtaten* wurde ihm dafür ergänzend ein Denkmal am West India Quay in London errichtet. Das nennt man *Karriere*.

Und so geht's munter weiter mit dem Sklavenhandel in England und in dessen aufstrebenden Kolonien, bis ihm Anfang des 19.Jahrhunderst allmählich wegen der beginnenden Verurteilung und Verfolgung *die Luft ausging*.

Fassen wir also zusammen: Seeräubertum und Sklavenhandel waren *der Betriebsstoff*, der England zu sagenhaftem Reichtum verhalf und letztlich die Basis bildete für das bekannte British Empire mit seinen Kolonien rund um den Globus.

Seeräubertum und Sklavenhandel vom 16. bis zum Ende des 18. Jahrhunderts sorgten für den notwendigen Kapitalbedarf, um die englische Marine sukzessive aufzurüsten. Die Marine war die militärstrategische Grundlage für die nun einsetzende gezielte globale englische Kolonisierung.

Teil des British Empire war die ausgesprochen stark ausgeprägte und aufgerüstete Marine, die dafür sorgte, dass die (englischen) Handelswege von anderen Seeräubern und Kaperfahrern unberührt blieben. Als (ehemalige) Seeräuber wussten sie um die Stärken, aber auch der Schwächen ebendieser und konnten sie so gezielt bekämpfen. Sie kannten alle Verstecke, sodass sie gezielt den nachfolgenden Seeräubern Garaus machen konnten.

4.0. ÜBER ENGLISCHEN KOLONIALISMUS

„Kolonialismus ist der Cousin der Sklaverei“
„Colonialism is the cousin of slavery”
(Chadwick Boseman, US-amerikanischer Filmschauspieler)

Das England des auslaufenden Mittelalters war tatsächlich ein auf die britische Insel beschränktes europäisches Königtum. England war damals nicht wirklich wohlhabend und musste neidvoll zusehen, wie die portugiesischen und spanischen Königreiche mittels ihrer Entdeckungsfahrten außereuropäische Länder kolonisieren und ausbeuten konnten, während die englische Krone *außen vor* blieb. Auch die Holländer begannen mit der Seefahrt und so war England, umgeben von (Meer)Wasser bald allein in Europa.

So ein Zustand nagt am Selbstbewusstsein und so *musste etwas geschehen*. Die Idee der Seeräuberei wurde wieder aufgegriffen; man erinnerte sich der seeräuberischen Vorfahren aus dem europäischen Norden, die nach vorerst vielen Raubzügen, sich auch in England niederließen. Das Zentrum der (dänischen) Wikinger war wohl im heutigen York (römisch Eboracum) angesiedelt.

Nicht, dass die Seeräuberei daher allein *eine Erfindung* der Engländer war, die Seeräuberei gibt es seit die Menschen die Meere befahren, aber die Engländer perfektionierten die Räuberei auf See. Das Korsarentum war also anfänglich mehr ein Ersatz für die (noch) nicht in Besitz befindlichen Kolonien, es war sozusagen *die Krücke für fehlende Landnahme* und Ausbeutung. Mit den erbeuteten Gewinnen aus der Seeräuberei und dem Sklavenhandel präzisierte und verbesserte die englische Marine ihre Kampffähigkeit und Stärke. Sie war anderen Seefahrernationen damit immer mehr *einen (marinetechnischen) Schritt voraus*.

Diese maritime Überlegenheit zahlte sich im Laufe der Zeit aus, speziell bei der beginnenden *Kolonisierung auf englische Art* im 17. Jahrhundert. Die englische Kolonisierung war eigentlich weniger *eine Landnahme per Entdeckung* als *eine Landnahme durch Verdrängung* nach Darwinschem Verständnis.

Das, was die englischen Seeräuber auf dem Meer vollzogen, wurde späterhin zum Raub von Land und Regionen, *Landräuber* sozusagen. Es war *wieder Raubgut von geraubtem Gut*. Und die immer stärker werdende englische Marine war DAS MITTEL dazu. Sukzessive unterwarfen sie ganze Länder und Kontinente, meist indem sie sie anderen europäischen Kolonialreichen wie Spanien, Portugal, Frankreich oder Holland entrissen.

Die Westindischen Inseln, Nordamerika, der Subkontinent Indien, Südafrika, vorderer Orient, die Teile der chinesischen Küste etc. wurden im Laufe der Jahrhunderte zu englischen Kolonien und einverleibt in *das British Empire*. Nicht zu vergessen die weit entfernten Inseln wie Neuseeland und Australien. Fraglos, dass es dabei *nicht zimperlich zuging*; was den englischen Interessen im Wege stand, wurde mehr oder minder *brutal beiseite geräumt*.

Dabei wurden einige Länder, die (vorerst) wirtschaftlich nicht so im Fokus standen, einfach gelassen, wie zum Beispiel Neuseeland und Australien, vom Mutterland weit entfernte Länder und Kontinente. So wurde Neuseeland zwar bereits vom holländischen Seefahrer Abel Tasman 1642 von Batavia (heute Djakarta) aus segelnd entdeckt, aber er konnte wohl nichts anfangen damit und so ruhte die Kolonisierung weitere 127 Jahre bis der Engländer James Cook 1769 die Inseln für England (wieder)entdeckte.

Die eigentliche Kolonisierung Neuseelands begann aber erst Mitte des 19. Jahrhunderts, als England systematisch eine koloniale Organisation aufbaute und konsequent Emigration betrieb und zum Beispiel ausgehungerten Iren und vertriebenen Schotten ermöglichte in Neuseeland und Australien *ein neues Glück* zu suchen.

Anhand von ein paar ehemaligen englischen Kolonien möchte ich die grundsätzliche Vorgehensweise verdeutlichen:

Die Kolonisierung des indischen Subkontinents

Obwohl der Handel mit Indien, einem Sehnsuchtsziel aller Europäer, schon im auslaufenden 15. Jahrhundert durch die Entdeckung der Portugiesen begann, setzte die eigentliche Kolonisierung des indischen Subkontinents erst viel später ein.

Mit der Entdeckung des Seefahrtsweges um Afrika herum nach Indien durch die berühmten Seefahrer Bartholomeus Dias 1488 und dann Vasco da Gama im Jahr 1498 baute Portugal damals seine führende Seemachts- und Handelsstellung aus. Portugal hatte praktisch damit das Handelsmonopol von indischen Gewürzen und anderen Waren inne. Portugal war aber weniger an Landbesitz, im Sinne einer Kolonie, interessiert, sondern konzentrierte seine Aktivitäten auf den Handel und Transport nach Europa, um dort die Güter mit erheblichen Aufschlägen verkaufen zu können. Portugal wurde damit sagenhaft reich, was andere europäische Länder bewog durch Seeräuberei den Reichtum streitig zu machen. Mit den Spaniern konnten sich die Portugiesen noch in gewisser Weise *handelseinig* werden, weil Spanien im gleichen Zeitraum einen komplett neuen Kontinent entdeckte, den es sukzessive ausbeuten konnte. Mit Unterstützung des Papstes wurden diverse Abkommen zwischen den katholischen Ländern Portugal und Spanien vereinbart, um sich nicht gegenseitig *ins Gehege zu kommen*.

Aber den anderen (nord)europäischen Mächten, allen voran den Engländern, war das *ein Dorn im Auge*. Frankreich, Holland und natürlich England machten sich auch *auf den (See)Weg*, um sich nun die teuren Schiffsladungen der Portugiesen und der Spanier *einzuverleiben* - die klassische Seeräuberei war *(wieder)geboren*. Das relativ arme England erinnerte sich im 16. Jahrhundert seiner angeborenen *Wikingerfähigkeiten* und ließ die alte Seeräuberei *in neuem Glanze* auferstehen. Das ganze 16. Jahrhundert war also die Zeit der Seeräuberei. In meinem Kapitel 2 „Über Seeräuber" habe ich mich schon detailliert darüber auseinandergesetzt.

Das 17. und 18. Jahrhundert waren dann die Übergänge vom Seeräubertum hin zum *Landräubertum.* Frankreich und Holland folgten recht schnell den Spaniern und Portugiesen bei der *Landnahme*, Holland zum Beispiel im 17. Jahrhundert mit der Kaplandbesetzung (heutiges Südafrika), um dann ohne Unterbrechung über den indischen Ozean bis nach Batavia (heute Jakarta) und Niederländisch-Indien (im Wesentlichen das heutige Indonesien) segeln zu können. Und Frankreich versuchte es überwiegend in Nordamerika und stand damit in direkter Konkurrenz zu England, das auch in diesen beiden Jahrhunderten begann, die Kolonisierung zu forcieren; in Kanada gibt es heute noch frankophone Gebiete, das bekannteste davon ist Quebec. Im Frieden von Utrecht 1713 musste Frankreich große Gebiete in Nordamerika an England abtreten.

Aber alle europäischen Mächte bauten Handelsstützpunkte in Indien auf. Da wollten *alle* hin. Mit indischen Gewürzen konnte man in Europa gutes Geld verdienen und indischer Pfeffer zum Beispiel wurde zeitweise mit Gold aufgewogen. Aber auch Zimt und Gewürznelken versprachen reiche Gewinne.

So gründeten mit dem Beginn des 17. Jahrhunderts praktisch alle europäischen Mächte Handelsstützpunkte in Indien, aber auch weiter im Osten am indonesischen Archipel. Sogar das kleine Königreich Dänemark war mit einer Handelsgründung in Tranquebar (heute Tharangambadi) und Serampore (gehört heute zu Kolkata) dabei.

Das „römische Reich deutscher Nation“ war da nicht dabei. Es leistete sich einen ausgesprochen blutigen 30-jährigen Krieg zwischen 1618-1648 und war daher zur Freude der anderen europäischen Mächte wirtschaftlich völlig ausgezehrt und ganze Landstriche *dem Erdboden gleichgemacht.* Außerdem lag das Interesse der mitteleuropäischen Großmächte wie Österreich und Preußen mehr am Osten sowie Südosten Europas.

Die eigentliche Kolonisierung Indiens begann ungefähr um die Mitte des 18. Jahrhunderts mit der Gründung der englischen

Ostindien-Kompanie; diese *verdrängte* die anderen europäischen Mächte wie Frankreich, aber auch Portugal. Wie ist dazu sehr plastisch bei Wikipedia zu lesen:

„In der 2. Hälfte des 18. Jahrhunderts dehnten die Briten nach Verdrängung der Franzosen und Portugiesen ihren Machtbereich aus. 1757, nach der Schlacht bei Plassey, ergriffen die Truppen der britischen Ostindien-Kompanie Bengalen und plünderten die bengalische Schatzkammer. Zunächst sicherten die Briten unter General Robert Clive, 1. Baron Clive, nur ihre Handelsinteressen in Bengalen ab (Indienhandel), indem sie sich in die Streitigkeiten der indischen Fürsten einmischten. Bald aber erwiesen sie sich als ehrgeizige und flexible Machthaber."
(Quelle: https://de.wikipedia.org/wiki/Geschichte_Indiens)

Aha, so nennt man das heute*, ehrgeizige und flexible Machthaber*, diese Bezeichnung muss man sich merken, ich finde, das ist eine (sehr) freundliche Umschreibung für *Hütchenspiele aller Art mit Hilfe von Winkeladvokaten*. Aber zurück zur Kolonisierung Indiens.

Wohl durch geschickte (also sehr trickreiche) Machenschaften wurde die Ostindienkompanie immer reicher und mächtiger. Ich zitiere Wikipedia:

„Die Britische Ostindien-Kompanie monopolisierte den Handel von Bengalen. Bengalische Handwerker waren an die Handelsvertretungen der Kompanie zwangsweise gebunden, indem sie verpflichtet wurden, ihre Waren zu einem minimalen Preis zu liefern. Ihre Steuerlast erhöhte sich stark. Das Resultat war die Hungersnot von 1769 bis 1770, in der zehn Millionen Einwohner von Bengalen starben. (...) Im Ersten Anglo-Birmanischen Krieg 1824 bis 1826 erlangte die Ostindien-Kompanie die Herrschaft über Nordostindien, und in den beiden folgenden Kriegen 1852 bis 1853 und 1885 wurde schließlich ganz Burma schrittweise von den Briten annektiert. In dieser Weise gerieten immer größere Teile Indiens unter direkte britische Herrschaft und wurden in kolonialer Manier ausgebeutet. In Indien begann eine lange Periode, in der einheimische Industrien

zusammenbrachen. Zu dieser Zeit starben bis zu 40 Millionen Inder an Hunger."
(Quelle: https://de.wikipedia.org/wiki/Geschichte_Indiens)

Man kann also festhalten, dass Zwangsbesteuerung und (physische) Ausbeutung *das Mittel der (englischen) Wahl* war; dass dabei gleichzeitig zuerst 10 Millionen (1766-1770) und dann nochmals ca. 40 Millionen (2. Hälfte des 19. Jahrhunderts) durch die Knechtschaft verhungerten, ist wahrscheinlich nur noch eine *Randnotiz und Kollateralschaden* in der *ruhmreichen* englischen Kolonialgeschichte.

Die brutale Ausbeutung der indischen Bevölkerung durch die britische Ostindien-Kompanie *stank bis zum (gesalbten Londoner) Himmel* und zwang die Regierung einzuschreiten; sie löste die Ostindien-Kompanie auf und unterstellte Indien 1858 der englischen Krone. Königin Victoria wurde dann 1877 zur „Kaiserin von Indien" erhoben, ein Kolonialgebiet, das heute Pakistan, Indien selbst, Bangladesch und auch Burma umfasst.

Die Unterdrückung ging aber weiter und es kam immer wieder zu Aufständen der indischen Bevölkerung, unter anderem durch den charismatischen Anführer Mahatma Gandhi mittels seines gewaltlosen Widerstandes.

Letztlich erzwangen die Inder 1947 die Souveränität über ihr Land, nicht ohne von England noch einen *letzten politischen Nackenschlag* zu erhalten – die Teilung in ein muslimisches Pakistan West und Ost (heute Bangladesch) sowie in ein hinduistisches Indien. Die (willkürliche) Grenzziehung in Kaschmir sorgt heute noch *für Zündstoff* zwischen Pakistan und Indien und führt immer wieder zu kleineren und größeren Scharmützeln. Das *englische Winkeladvokatentum* hat wieder einmal blendend funktioniert.

Indien ist für mich ein Paradebeispiel, wie die Engländer ihre Kolonien missbrauchten, ausbeuteten und schließlich unter schwierigsten Bedingungen sich selbst überließen; noch Jahrzehnte nach der Unabhängigkeit herrscht Zwist und Krieg unter den ehemaligen Kolonien nach dem getreuen Motto *Teile und Herrsche*.

Die Kolonisierung Nordamerikas und der Friede von Utrecht

Die Kolonisierung Nordamerikas begann eigentlich recht unspektakulär, wenn man über den Grund der ersten Siedler hinweg sieht. Es waren *die Pilgerväter*, eine Gruppe von verfolgten religiösen Protestanten, die sich nicht (mehr) dem englischen Retrokatholizismus *anvertrauen mochten* und ihr (sprichwörtliches) Heil 1620 durch Auswanderung suchten.

Sie landeten 1620 im heutigen Provincetown, segelten aber weiter bis zum heutigen Plymouth und gründeten dort eine erste englische Siedlung. In Plymouth kann man heute ein Freilichtmuseum besichtigen und sich ansehen, wie die Siedler vor 400 Jahren lebten (Plimoth Plantation).

Der englische (Kolonial)Gedanke war zu dieser Zeit aber *noch nicht reif* für weitere und *tiefergehende Kolonialausbeutungsgedanken*; vielmehr standen da (noch) Seeräubertum und Sklavenhandel im Vordergrund. England war im beginnenden 17. Jahrhundert zwar als Seenation bereits bedeutend, aber (europa)politisch noch nicht *unter den Mächtigen Europas* angekommen.

Das änderte sich fast schlagartig Anfang des 18. Jahrhunderts, als die kontinentalen Mächte Spanien, Frankreich, Holland, Österreich und der Pabst als Folge des *Spanischen Erbfolgekrieges* die (politischen) *Karten neu mischen* mussten.

Es ging kurz gesagt um die Aufteilung der *spanischen Länderpfründe* aufgrund der Streitereien innerhalb der royalen europäischen Geschlechter.

Im Frieden von Utrecht 1713 wurde ein umfassender Friede - und damit verbunden ein umfassender Landtausch - unter den europäischen Mächten abgeschlossen. Die schon während des 30-jährigen Krieges in Mitteleuropa in Grundzügen entstandene „Pentarchie“ der fünf bestimmenden Länder in Europa verfestigte England nun durch geschicktes Taktieren.

Von diesem Zeitpunkt an schaute England argwöhnisch in allen Konflikten darauf, immer *das Zünglein an der Waage zu spielen*, damit ja kein anderes Land *zu mächtig* werden würde. Auch wenn England dabei durchaus öfters die Konfliktseiten wechselte. Aber *dazu gehören immer zwei*, sagt ein Spruch, einer der es macht – und der andere, der es zulässt.

Auf jeden Fall erlangte England zwar nur geringe Ländereien bei der *Filetierung spanischer Ländereien* in Europa, nämlich nur Gibraltar und Menorca, aber dafür erzwang England das Recht des Sklavenhandels in die spanischen Überseegebiete (Asiento de negros). Das war der *Aufstieg Englands* in den (offiziellen) Sklavenhandel. Da England nun eine offizielle *Handelsnation* war, konnte das anrüchige Seeräubertum zurückgefahren werden. Tatsächlich schwenkte England marinetechnisch um und baute seine Marine- und Handelsflotte sukzessive aus – und begann Seeräuber nun selbst zu verfolgen.

England hielt sich in Europa zurück, und *genehmigte sich* nur die marinestrategisch günstigen Gebiete Gibraltar und Menorca, dafür hielt es sich an Überseegebieten gütlich.

In Nordamerika musste Frankreich die Überseegebiete Neufundland, Neuschottland und Neubraunschweig sowie Gebiete um die heutige Hudson Bay an England abtreten.

Gleichzeitig begann England nun auch konsequent Kolonialgebiete *in das British Empire einzubinden* – mit meist (sehr) fragwürdigen Methoden.

Mit diesen sowie den schon vorhandenen Kolonien rund um Boston erweiterte England nun sukzessive seine Kolonialbesitzungen in Nordamerika bis hin zu den 13 Neuenglandkolonien.

So aufstrebend sich die Neuenglandkolonien entwickelten, so hart war dann die *koloniale Bruchlandung* im Jahr 1776, als sich die „13 Neuenglandstaaten“ vom englischen Mutterland lossagten – und die „Vereinigten Staaten von Amerika“ gründeten. Die neuen USA mussten aber noch bis 1783 ihre Unabhängigkeit erkämpfen.

Mit der Gründung der Vereinigten Staaten von Amerika waren die Engländer *mit einem Schlag* ihre nordamerikanischen Kolonien los - und es riss ein tiefes Loch in den *kolonialen Ausbeutungshaushalt* der englischen Regierung.

Neue Kolonien zur Ausbeutung mussten her.

Die Kolonisierung Neuseelands und der „Vertrag“ von Waitangi

Erst sehr spät eigentlich wurde Neuseeland zusammen mit Australien „kolonisiert“, also *wirtschaftlich eingebunden* in das British Empire. Der Grund war letztlich der gleiche wie bei den vielen anderen Kolonien auch - Ausbeutung und Handelsgeschäfte. Da die Kolonialisierung Australiens praktisch zeitgleich verlief, möchte ich am Beispiel Neuseeland die Vorgehensweise in Erinnerung rufen, bekannt ist das ja alles.

Nachdem Ende des 18. Jahrhunderts die vormals ausgesprochen reichen englischen Nordamerikakolonien (die 13 Neuenglandprovinzen) durch *Abtrünnigkeit* und Staatsgründung weggebrochen waren, musste sich das British Empire nun *Ersatzkolonien* beschaffen, die den Verlust dieser wichtigen Kolonien ausgleichen sollten.

Die zuvor weitgehend allein gelassene Urbevölkerung, die Maori, erlebte in der ersten Hälfte des 19. Jahrhunderts eine plötzliche und starke Aufmerksamkeit, erkannte die Londoner Zentrale doch, dass die wunderschönen Landschaften bestens geeignet wären für die Erzeugung von landwirtschaftlichen Produkten wie Wolle aus Schafen oder Milchprodukte aus Rindern. Der Handelsweg war weit, aber die Inseln praktisch ohne große Widerstände (sprichwörtlich) *zu beackern*.

Die Maori waren bekannt als *kampfesmutige Gesellen*, die nicht so *ohne Weiteres* ihr Land preisgeben wollten. Und einmal mehr stand der *koloniale Widersacher* Frankreich im Wettbewerb zum British Empire. Europäische Siedler machten sich auf Neuseeland breit und Frankreich versuchte durch Präsenz seine *Ansprüche* geltend zu machen. Das wiederum veranlasste England einen Schritt weiterzugehen und einen „Vertrag“ mit den Maori zu schließen.

Und so wurde am 06. Februar 1840 in Waitangi ein Vertrag mit den Maori-Häuptlingen unterzeichnet in zwei Sprachen Englisch und in Maori. Leider kam es wegen *einiger Übersetzungsfehler* und *Ungenauigkeiten* seitens des anglikanischen Missionars Henry Williams späterhin oft zu grausamen Enteignungen von Maori-Land durch die neuen Siedler. Was steht dazu bei Wikipedia:

„Hätte der Missionar Henry Williams, der den englischen Text in die Sprache der Māori brachte, in seiner Übersetzung die Wörter ‚kingitanga' (uneingeschränkte Macht) und ‚mana' (Macht über das Land) für ‚all the rights and powers of sovereignty' verwendet, hätte wohl kein Führer der Klans den Vertrag je unterzeichnet. (…) Die Übersetzungsfehler, gewollt oder aus mangelnder Kenntnis, führten zu unterschiedlichen Interpretationen des Vertrages und dazu, dass durch Gesetze und Krieg die Māori ihres Landes enteignet, ihrer kulturellen Identität und wirtschaftlichen Unabhängigkeit beraubt wurden". (Quelle: https://de.wikipedia.org/wiki/Vertrag_von_Waitangi)

Erst viel später, als Neuseeland unabhängig wurde und England keinen Einfluss mehr nehmen konnte, da wurde ein Waitangi-Tribunal seitens der neuseeländischen Regierung eingerichtet, das die schlimmsten Auswüchse des Waitangi-*Vertrags* nachträglich auszugleichen versucht.

Die Kolonisierung Australiens

Über Australien ist eigentlich nicht viel zu sagen. Weil die Engländer mit dem Kontinent (vorerst) *nichts anzufangen wussten*, nutzten sie ihn als großes Straflager. Erst mit dem Verlust der Nordamerikakolonien entstand ein tieferes Interesse an Australien; mit der weiteren Besiedelung um die Mitte des 19. Jahrhunderts wandelte sich Australien hin zu einer echten Kolonie. Dabei wurden die australischen Ureinwohner, die Aborigines, nach den üblichen Methoden *verdrängt*. Wie schreibt Ingo Neumayer in Planet-Wissen über den Umgang mit den Aborigines:

„60.000 Jahre lang pflegten die australischen Ureinwohner ungestört ihre Kultur. Abgeschottet von der Außenwelt, lebten sie bis ins 19. Jahrhundert hinein wie steinzeitliche Jäger und Sammler. Doch als die Weißen kamen und den Kontinent besiedelten, änderte sich alles. Die Aborigines wurden abgeschlachtet, ihr Land wurde geraubt, ihre Traditionen missachtet. Kurzzeitig sah es so aus, als ob ihnen gar das Aussterben drohte. Heute ist davon keine Rede mehr – doch Probleme gibt es weiterhin genug."
(Quelle, https://www.planet-wissen.de/kultur/voelker/aborigines/

Den Aborigines ging es also nicht anders als den amerikanischen Indianern auch, sie wurden *verdrängt* und in Reservate getrieben. Erst jetzt, nach der Unabhängigkeit Australiens, rücken die australischen Ureinwohner, ähnlich wie die Maori in Neuseeland, verstärkt in den Fokus der (weißen) Gesellschaft.

Während der englischen Kolonialzeit kam nichts, nur Mord, Tod und Vertreibung.

Die Kolonisierung Südafrikas und Rhodesiens

Ja Südafrika, eine wunderschöne Region, ich habe sie in mein Herz geschlossen! Aber auch dieses Land trägt (immer noch) seine *kolonialen Wunden* mit sich herum.

Angefangen hat es mit den Holländern um die Mitte des 17. Jahrhunderts, die das Kapland und gleich mit die (regionale) schwarze Bevölkerung *in Besitz nahmen*, um Ackerbau und Viehzucht zu betreiben; die ersten Siedler waren die Buren. Organisiert hat das die niederländische Ost-Indien-Kompanie, um die Handelsschiffe mit Nahrung und Proviant zu versorgen. Vom Kapland mussten nämlich die Schiffe quer über den ganzen indischen Ozean bis nach Holländisch-Indien (heute Indonesien) segeln, was wahre Torturen für die Schiffsmannschaften waren. Die Buren gingen wohl nicht sehr zimperlich mit den versklavten Schwarzen um, ähnlich wie die Farmer in Nord- und Mittelamerika.

Den Holländern folgten hugenottische Franzosen, die aus Frankreich vertrieben wurden und sich überall niederließen, wo sie Unterschlupf fanden.

Heute noch kann man viele, sehr schöne Farmen im Kapland aus der Besiedelungszeit der Buren und Franzosen bewundern; vom Elend der Ureinwohner ist allerdings kaum etwas zu lesen oder zu hören.

Das ging so ungefähr eineinhalb Jahrhunderte (nicht) gut, bis um das Ende des 18. Jahrhunderts auch England auf das Kapland *aufmerksam wurde*, das heißt es richtete den Fokus auf das wunderschöne Weideland. Naja, es sollte wohl auch eine Ersatzkolonie, neben anderen neuen Kolonien, für die verloren gegangenen 13 Neuenglandkolonien in Nordamerika werden.

Und wenn England *seinen Fokus* auf etwas gerichtet hat, oder immer noch richtet, dann beginnt der mittlerweile bekannte *Verdrängungsprozess auf die englische Art.* Zuerst vertrieben sie die Buren im Laufe der Zeit gegen Nordosten, um das Land schließlich gegen Ende des 19. Jahrhunderts vollends zu übernehmen. Der Hintergrund der Übernahme waren sicherlich die umfangreichen Gold- und Diamantenfunde ab der Mitte des 19. Jahrhunderts, wo sich die aus England stammenden Brüder Rhodes besonders hervorgetan haben. Später wurden diese Diamantenminen als „De Beers“ weltberühmt. In äußerst blutigen Kriegen wurden die dort ansässigen Buren vertrieben oder in eigens dafür eingerichteten Konzentrationslagern allmählich umgebracht. Wie steht es dazu bei in einem Artikel des Spiegel-Magazins vom 07.03.2013:

„Der Burenkrieg (1899 bis 1902) wurde Englands größter und kostspieligster Waffengang seit den Napoleonischen Kriegen. Die Briten glaubten, ihren zahlenmäßig weit unterlegenen Gegner mit 75.000 Soldaten besiegen zu können, mussten schließlich aber 450.000 Männer aus dem gesamten Empire in den Kampf schicken. Sie hatten 22.000 Tote zu beklagen. Auf der burischen Seite starben 34.000 Menschen, davon 28.000 als Zivilgefangene in "Concentration Camps". Die Briten internierten die Bevölkerung, denn die Buren führten einen Guerillakrieg, um gegen die britische Überlegenheit Erfolg zu haben.“
(Quelle: Der Spiegel, 07.03.2013 von Hans Hielscher „Kolonisator Cecil Rhodes "Der Eingeborene muss wie ein Kind behandelt werden")

Cecil Rhodes, de Beers und die Eroberung Rhodesiens

Aber mit Südafrika war der *koloniale Hunger in Afrika* noch lange nicht gestillt, wollte doch England nun mehr und mehr afrikanische Gebiete in das British Empire einverleiben. Und in diese Phase trat ein gewisser Cecil Rhodes, geboren in der Grafschaft Hertfordshire, auf die *südafrikanische (Kolonial)Bühne* und der hatte eine *sehr glückliche (Geschäfts)Hand*. Bereits als reicher Diamantenschürfer und -händler bekannt (siehe oben die De Beers Diamantenminen), wurde er bald Mitglied im südafrikanischen Parlament und später sogar Premierminister und konnte so die südafrikanische Politik federführend bestimmen. Unter ihm wurden die oben erwähnten Burenkriege initiiert.

Aber das reichte ihm noch nicht, Expeditionen in die nördlichen Nachbarregionen hatten ergeben, dass es wohl reiche Goldfunde in den Siedlungsgebieten der lokalen Matabele- und Mashonavölker geben soll. Also versuchte er in diesen Stammesgebieten Schürfungen vorzunehmen, musste aber gewisse Regeln gegenüber der Londoner Regierung einhalten, dazu gehörte unter anderem die Zustimmung der lokalen Häuptlinge.

In einer der vierteljährlichen Hefte „Die Karawane" der Gesellschaft für Länder- und Völkerkunde über Rhodesien kann der geneigte Leser sehr anregend den kompletten Lebens- und Wirkungskreis von Cecil Rhodes nachlesen; ein Herr Dr. Wolfgang Hellwig, widmet ihm darin ein ganzes Kapitel.

Rhodes, als ein in Oxford ausgebildeter Jurist, war wohl mit *allen (un)rechtlichen Wassern gewaschen*. Er war sozusagen ein in Oxford ausgebildeter *Winkeladvokat*. Außerdem war er bestens in der gehobenen englischen Gesellschaft verwurzelt und damit optimal mit den *juristischen Möglichkeiten* in der Einrichtung von (neuen) Kolonien vertraut. Die sehr reiche britische Ostindienkompanie als Beispiel nehmend, gründete auch er die British South Africa Company. Gemäß dieser Struktur war er praktisch Alleinbesitzer aller Gebiete, die er im Namen der englischen Krone in Besitz nahm.

Wie steht dazu bei „Die Karawane":
„Die Gesellschaft erhielt das Recht, Verträge zu schließen, Gesetze zu erlassen, uniformierte Streitkräfte zu unterhalten, Straßen, Eisenbahnen und Häfen zu bauen und die Bodenschätze auszubeuten. Sie war für den Schutz der Eingeborenen, für Religionsfreiheit und für den Handel in ihrem Gebiet zuständig. Die Charta sollte nach dem Willen der Regierung aber nur dann in Kraft treten, wenn Lobengula (der König der Matabelestämme) freiwillig zustimmte. (...) Dieser entsandte deshalb seinen Freund Jameson zu ihm. Jameson war nicht nur geschickt im Umgang mit den Eingeborenen, sondern hatte als Arzt auch die unbezahlbare Fähigkeit, das Gichtleiden Lobengulas behandeln zu können. So war er erfolgreich und

konnte vom König die Erlaubnis erlangen, ‚einen Schacht zu graben'. Jameson deklarierte dieses Zugeständnis sofort als Ratifikation der Charta durch Lobengula. Daraufhin ließ die britische Regierung diese in Kraft treten. Nun lag der Gesellschaft ein Gebiet offen, das nicht nur an Erz reich zu sein schien, sondern als Hochland auch für weiße Farmer geeignet war.

Sofort stellte Rhodes eine Gruppe von 180 weißen Pioniersiedlern zusammen, die von 700 Mann Polizeitruppe begleitet wurde. Sie marschierte unter Umgehung des Matabelesiedlungsgebietes ins Mashonaland ein. Lobengula war erstaunt darüber, daß man so viele Menschen brauche, um ‚ein einziges Loch zu graben', verhielt sich aber ruhig und legte lediglich Protest ein. Die Pioniergruppe erreichte deshalb 1890 unangefochten einen Ort, den sie befestigte und aus dem das spätere Salisbury (Anmerkung heute Harare) hervorgegangen ist."

Die Siedlungspolitik Rhodes ging immer weiter, bis die Matabele die große Zahl weißer Siedler wieder vertreiben wollten. Cecil Rhodes hingegen setzte darauf brutal neueste Waffentechnologien ein; Wolfgang Hellwig beschreibt es so:

„Rhodes, der in der Regel mehr für Verhandlungen als für Gewalt war, gab schließlich seine Zustimmung dazu, dass die Streitkräfte der Gesellschaft Bulawayo mit Maschinengewehren angriffen. Sie eroberten Matabeleland und zerstörten den Kral Lobengulas in Bulawayo."
(Quelle: Rhodesien, Die Karawane, Hefte der Gesellschaft für Länder- und Völkerkunde)

Abschließend sei erwähnt, dass bei diesem kruden Waffengang wohl innerhalb weniger Stunden zehntausende Eingeborene ihr Leben lassen mussten. Fortan bis zur Unabhängigkeit 1980 war Rhodesien (heute Simbabwe und Sambia) eine (ausgesprochen reiche) englische Kolonie. Die Vorgehensweise Cecil Rhodes steht exemplarisch für praktisch alle Eroberungsmethoden der (imperialen) Engländer.

Dazu passt natürlich, dass Cecil Rhodes ein ausgesprochen rassistisch denkender - und auch handelnder - englischer

Staatsbürger war. Nicht umsonst war er zutiefst überzeugt, dass „die Briten die *erste Rasse der Welt* seien“ und Engländer einen „Zwölfer im (Lebens)Lotto gewonnen“ hätten.
(Quelle: Wikipedia, https://de.wikipedia.org/wiki/Cecil_Rhodes)

All die Jahre hinweg war Cecil Rhodes aber auch ein (typischer) *englischer Philanthrop*, der gerne und viel an englische Universitäten spendete, so auch enorme Summen an die „All Saints Library“ der Universität von Oxford. Dafür stellte die Universität ihm zu Ehren eine Statue vor die Bibliothek.

Cecil Rohdes ist heutzutage aber wegen seiner rassistischen Einstellung schwer in Verruf geraten, weswegen derzeit viele Bemühungen stattfinden, die mehrfach aufgestellten Statuen zu entfernen. Zum Beispiel wurde seine Statue bereits im Jahr 2015 vom Campus der Kapstadter Universität entfernt, in Oxford ist man mental *aber noch nicht soweit*.

Junge Studenten, die eventuell die Absicht haben, an den englischen (Elite)Universitäten Oxford oder Cambridge zu studieren, sollten sich schon ethisch und moralisch fragen, ob sie in den Hallen und Bibliotheken studieren wollen, die *mit dem Blut und dem Schweiß* vieler Sklaven und ausgebeuteter Kolonialbewohner aufgebaut wurden. Oxford ist eine reiche Universität, aber nur weil unzählige *englische Philanthropen* Geld und Vermögen spendeten, das sie mittels Sklavenhandel und -haltung sowie kolonialer Ausbeutung ergaunerten.

Weitere koloniale *englische Wahrheiten* in kurzer Aufzählung (aber ohne Garantie auf Vollständigkeit):

Benin, Afrika (1897):
Die „Benin Bronzen“ Raubkunst steht momentan in Deutschland und Berlin im *kolonialpolitischen Fokus*. Es gibt große Bemühungen seitens der deutschen Bundesregierung diese Raubkunst wieder an die betroffenen Länder zurückzugeben.

Wie kamen aber die Kunstwerke überhaupt nach Deutschland, wo doch das Deutsche Reich gar nicht in Benin war? Tja, dreimal darf man raten. Das British Empire *disziplinierte* das Königreich Benin, indem es 1897 einen Raubzug gegen das Königreich durchführte, dabei alles zerstörte und die Beutestücke auf dem europäischen Kontinent den Meistbietenden *verhökerte*.

Wie schreibt die FAZ dazu: „Im British Museum wird die Geschichte umgedeutet. Als britische Truppen im Jahr 1897 ins Königreich Benin kamen, so erklärt der Audio-Guide vor der hohen Wand mit den Bronzeplatten, hätten sie rund 900 dieser Reliefs „halbverschüttet in einem Lagerhaus entdeckt“. Eine verwegene Formulierung. Denn die Elitesoldaten der Royal Navy retteten damals nicht mal eben ein paar Kunstschätze vor dem Vergessen. Die Wahrheit ist: Sie plünderten das Lagerhaus und brannten den gesamten königlichen Palast nieder.
Der Sieg über das Königreich Benin wurde 1897 begeistert gefeiert. Königin Victoria gratulierte der Royal Navy zum gelungenen Einsatz. Londoner Zeitungen brachten Sonderausgaben darüber, wie die britischen Truppen einem grausamen afrikanischen Königreich ein Ende bereitet hatten. Und es begann eine Odyssee von 3500 bis 4000 geraubten Objekten. Einige der schönsten Stücke gingen an die Queen, die meisten wurden nach Rückkehr der Truppen zur Finanzierung des Kriegs an Museen und Sammlungen in aller Welt verkauft. Viel von der Kriegsbeute behielten die Elitesoldaten selbst.“
(Quelle: FAZ, Die Beute Bronzen, Von Lutz Mükke und Maria Wiesner)

Der Erwerb kolonialer Raubkunst war damals *en vogue* in Europa - und die Hauptstädte der europäischen Mächte wetteiferten, wer wohl die schönsten und größten Museen hätte. Auf diese Weise erwarben *deutsche Gönner* (*Philanthropen*) einen Teil der „Benin Bronzen" für deutsche Museen.

Syrisches Protektorat, Vorderer Orient (1916) (auch als „Sykes-Picot-Abkommen" bekannt):

Der Tagesspiegel vom 16.05.2016 beschreibt den geschichtlichen Zusammenhang kurz und knapp:

„Die Geschichte des modernen Nahen Ostens beginnt mit Verrat, kolonialer Willkür und einigen Federstrichen. Vor 100 Jahren, am 16. Mai 1916, unterzeichnen die Regierungen in Paris und London eine geheime Vereinbarung, mit der die damaligen Großmächte die arabische Welt unter sich aufteilten"
(Quelle: „100 Jahre Sykes-Picot-Abkommen Eine verhängnisvolle Linie teilt den Nahen Osten", Tagesspiegel, 16.05.2016, Christian Böhme)

Es geht in diesem *Abkommen* letztlich um die Aufteilung des Vorderen Orients in die Machtsphären Frankreichs und Englands. Ohne jetzt in die Details einzusteigen, weil das alles ja bekannt ist, möchte ich es nur als weiteres Beispiel aufführen, mit welchen skrupellosen Methoden die damaligen Kolonialmächte Land und Leute unter sich aufteilten, als wären sie Sklaven oder ein Stück Vieh.

Heute noch, nach über hundert Jahren, leidet der komplette Nahe Osten unter diesem menschenverachtenden Schurkenstück englischer (und französischer) *Verhandlungstaktik*.

Egal, ob es sich um Syrien, Irak, Jordanien, den Libanon, Saudi Arabien oder Israel handelt, alle Völker und Stämme wurden und werden heute noch in dieser Region in Mitleidenschaft gezogen, nur weil zwei habgierige Kolonialländer, begleitet von arroganter lokaler Unkenntnis sowie imperialem Gehabe, damals ihre Machtansprüche *zu Papier brachten* und die gesamte Region damit in eine gefährliche Instabilität hetzten.

Alle Kriege und Auseinandersetzungen in dieser Region, auch die heutigen, basieren letztlich auf diesem *kolonialen Erbe*.

5.0. ÜBER DAS PRINZIP *TEILE UND HERRSCHE*

„Teile den fremden Standpunkt und herrsche!“
Wladimir Koleschizki, (*1938), russischer Journalist und Aphoristiker

Die europäische Geschichte ist voll von Strategien der einzelnen Imperien und Nationen, mittels bündischer und dann wiederum trennender Methoden für ein politisches und militärisches Gleichgewicht zu sorgen. Dabei wechselten bündische und trennende Interessen oftmals mehrmals während desselben Konflikts. Dabei waren es die *lokalen Untertanen*, die Bauern und Städter, die diese meist blutigen Konflikte ertragen mussten, wie zum Beispiel im blutigen 30-jährigen Krieg. Wie steht in einem Artikel der Deutschen Welle aus dem Jahr 2018 zum 400-jährigen Beginn des 30-jährigen Kriegs dazu:

„Die Zahl der Toten des Dreißigjährigen Krieges schwankt in der Forschung zwischen drei bis neun Millionen, bei einer geschätzten Gesamtbevölkerung von 15 bis 20 Millionen Menschen. In Relation ist die Opferzahl höher als die des Zweiten Weltkriegs. Nur wenige Landstriche werden nicht verwüstet; die Staatsordnung (des Reiches) liegt in Trümmern.“
(Quelle: DW 2018, Vom Prager Fenstersturz zum Flächenbrand Dreißigjähriger Krieg: Ein Grauen, das Deutschland prägte)

Und weiter schreibt Herfried Münkler in einem Beitrag der Bundeszentrale politische Bildung am 18.07.2018 zum selben Thema:
„Tatsächlich war ein Ergebnis des Krieges die *Formung einer Pentarchie*, einer Vorherrschaft von fünf Staaten, die neben ihrem Territorium über Einflussgebiete verfügten, hinsichtlich deren Größe und Reichweite sie mitunter auch Krieg führten. In dieser Pentarchie spielte zunächst Frankreich eine zentrale Rolle, die aber schon bald von England komplementiert wurde. Frankreich nahm eher die Position eines Hegemons für sich in Anspruch, *während England die Rolle eines Züngleins an der Waage spielte*. Der Unterschied zwischen Hegemon und Züng-

lein war geopolitisch begründet, das heißt, er hing an der Nutzung geografischer Gegebenheiten für machtpolitische Zwecke.“
(Quelle: BPB, 20.07.2018, Der Dreißigjährige Krieg: Ein Bürgerkrieg, der zugleich ein Hegemonialkrieg war)

Mit dem Westfälischen Frieden 1648 wurden also die weiteren politischen Weichen gestellt. England war bei der *europäischen Pentarchie* fortan dabei und verfeinerte seine Instrumente mit jedem Konflikt auf dem kontinentalen Europa, um seine Vormachtstellung global auszubauen, bis es letztlich als British Empire nach dem 1. Weltkrieg seine größte Macht erreichte.

Egal um welchen europäischen Konflikt es sich handelte, England *schaute mit Argusaugen darauf*, dass ja kein *kontinentaler Hegemon* zu mächtig in Europa wurde. Das immer reicher werdende England unterstützte den jeweils schwächeren Kriegspartner auf dem Kontinent vorwiegend mit Geld und Ausrüstung, aber nur solange er der schwächere Teil blieb. Wendete sich das strategische Blatt, dann hatte England keine politische und schon gar keine moralische Mühe die Seiten zu wechseln.

So unterstützte England anfänglich die Niederlande bei deren Freiheitskriegen im 80-jährigen Krieg (1568-1648), indem sie die Seewege gegenüber den Spaniern blockierten, wechselten aber bald danach die Seiten, da auch Holland sich zu einer Kolonialmacht entwickelte. Als globaler Wettbewerber war Holland dann ein (natürlicher) Widersacher Englands, den es zu bekämpfen galt.

Das gleiche widerfuhr Frankreich als globaler Wettbewerber um die Ausbeutung der Kolonien und den aufstrebenden Reichen Preußen und Österreich als kontinentale Mächte. England spielte immer wieder geschickt das oben beschriebene *Zünglein an der (kontinentalen) Waage* und sorgte so für eine stetige Schwächung der anderen Reiche.

Und weil das so gut in der Vergangenheit funktionierte, versucht jetzt auch Boris Johnson, zusammen mit seiner *Londoner Brexitregierung* dauernd *Lücken* innerhalb der EU zu finden, um seine *Teile und Herrsche-Spiele* weiterspielen zu können.

Beispiele gibt es zur Genüge: Ich denke nur an das Ränkespiel um den EU-(Botschafts)Vertreter, den England lange nicht anerkennen wollte, oder, dass England hinter dem Rücken der EU mit einzelnen Ländern *Separatabkommen* (nach englischem Strickmuster vermutlich) schließen wollte.

Auch der gerade geplatzte U-Boot-Liefervertrag zwischen Frankreich und Australien geht auf *englische Geheim-Vermittlung* zurück.

Und Michel Barnier beschrieb in seinem Buch über die Brexit-Verhandlungen so manches *englische Trickser-Schmankerl*.

Die Anwendung des international rechtsgültig unterschriebenen Nordirlandprotokolls zeigt gerade wieder, wie England Verträge einhält. So soll Ian Paisley (DUP) gesagt haben, dass „er (Boris Johnson) gar nicht daran denkt dieses Protokoll einzuhalten“ - und das bevor Johnson das Protokoll unterschrieb.

Im Folgenden gehe ich spezifisch auf diese (Un)Geisteshaltung der englischen *Eliten* ein.

6.0 ÜBER DIE *ENGLISHNESS*

"Great Britain has lost an Empire and has not yet found a role."
(Dean Acheson, US-amerikanischer Außenminister, 1962)

Viele Engländer und Engländerinnen, vor allem die, die sich zur *englischen Elite* zählen, sind überzeugt davon etwas Besonderes zu sein, weil sie von *Englishness durchdrungen* sind. Sie haben all die *vermeintlichen Gewissheiten* über die *englische Sonderrolle* in der Welt komplett verinnerlicht. Viele glauben fest daran, dass sie *the greatest nation in the world* sind. Oder wie wohl Cecil Rhodes meinte, Engländer zu sein bedeute, *den ersten Preis in der Lotterie (des Lebens) gewonnen zu haben.*

In diese Richtung hat wohl auch Shakespeare in seinem Werk „Richard II." John of Gaunt (1. Duke of Lancaster) über England folgendes sprechen lassen: " Dies gekrönte Eiland, dies zweite Eden, dies Bollwerk, das Natur für sich erbaut, dies Kleinod, in die Silbersee gefasst", aber dann weiter im gleichen Atemzug „in Schmach gefasst, mit Tintenflecken und Schriften auf verfaultem Pergament". Das Land, das früher andere zu unterwerfen pflegte, habe "schmählich über sich nun Sieg erlangt".

Ja, was ist nun England wirklich, die *größte Nation der Welt*, oder *über sich (die Nation) nun Sieg erlangt zu haben und auf (von Winkeladvokaten geschriebenen) Schriften sitzend*? Und wie kann man (für Nichtengländer) daraus die *Englishness* erklären?

Naja, als erklärter Staatsbürger der *nonenglishness (verseuchten)* Kontinentaleuropäer ist für mich *Englishness* nichts anderes als eine *aus den Fugen geratene Arroganz* gegenüber anderen Menschen, Völkern und Kulturen. Es ist wie eine von einer *gesalbten Königin (Queen) vorneweg getragene Monstranz* einer, in einem Kokon lebenden, Gesellschaft von eitlen Individuen. *Englishness* und *(gesalbte) Queen* sind wie die zwei Seiten derselben Medaille, beide sind *outstanding* – aus der Sicht des Kokons heraus. Mehr ist *Englishness* nicht, meines Erachtens. Abgrenzung durch banale Arroganz, ein *zur Schau tragen* von Blasiertheit!

Aber hinter *Englishness* verbirgt sich auch ein (realpolitischer) Aspekt – der Glaube (eine *Gewissheit* aus der Sicht der *Englishness-Gläubigen,*) über anderen (intellektuell und habituell) zu *schweben,* also intelligenter, besser, tüchtiger zu sein als *alle anderen auf der Welt*!

Dieser Auffassung konnte man noch während des British Empires - aus dieser Epoche kommt ja diese *Gewissheit* - nachträumen, weil England (das „Empire") tatsächlich existierte und über andere *triumphieren* konnte, aber schon damals (intellektuell) überholt war. Die *Englishness* war immer nur *eine Gedankenblase*, ein intellektueller *Hohlkörper*, entstanden aus einer zutiefst rassistischen Denke.

Heute jedoch, in denen sich *die Kompasse gedreht* haben, wirkt diese blasierte Überheblichkeit nur noch lächerlich. England *ist ein Schatten seiner selbst*, bestenfalls eine mittelgroße Macht. Die *machtpolitischen Wirkzentren* haben sich verlagert, in die USA, nach China, vielleicht auch nach Russland – zumindest ökonomisch auch in die EU.

Insofern ist also die, immer noch in manchen englischen Kreisen existente, *Englishness* völlig überholt. Sie ist *ausgeträumt* - und wird nicht wiederkommen.

Aber wirres Gedankengut und *schräge* Auffassungen halten sich unheimlich zäh aufrecht wie Verschwörungstheorien und haften lange in so manchem kruden Gehirn.

In diesem Sinne sind für mein Empfinden auch die ganzen Brexit-*Verhandlungen* verlaufen und verlaufen derzeit immer weiter - immer nach demselben *Strickmuster.* Es herrscht wenig oder gar keine *verhandlungstaktische Kreativität*. Das *tote Katzen*-Spiel zum Beispiel läuft regelmäßig ab wie eine jahrhundertealte Sanduhr, ohne Veränderung, ohne Variation, ohne geistigen Anspruch. Der (verkalkte) Sand rieselt von einem Gefäß ins andere, er rieselt einfach - ohne weitere Spuren zu hinterlassen.

Der Missbrauch von einzelnen Menschen oder ganzer Volksgruppen wie derzeit die nordirische oder auch die schottische Bevölkerung, das Erpressen irgendwelcher Vorteile wie die Fi schereirechte rund um England, oder das andauernde Androhen vom Brechen international vereinbarter Verträge, wie die Nordirlandklausel im Brexit-Vertrag mit der EU, bis hin zur Androhung von *Handelskriegen,* geht in die gleiche Richtung.

Jeder, aber auch wirklich jeder auf der Welt weiß heutzutage, wie im British Empire *Verträge* gehandhabt wurden. Ich verweise gerne auf meine vorigen Kapitel, in den ich vieles über das Vorgehen im British Empire zusammengetragen habe.

Das verhandlungstaktische Vorgehen ist also wirklich nicht neu, sondern verankert in der englischen *Elite*, die wiederum von tiefer *Englishness* geprägt ist. Wenn unterschriebene *Verträge* nicht zur Zufriedenheit der *englischen Eliten* liefen, dann wurde die englische Marine gerufen, die dann *Verträge* auf die *englische Art* lösten, wie zum Beispiel See- und Handelsblockaden, Einsatz von Militär bis hin zur Ausrottung ganzer Völker und Volksgruppen. Alles kann man nachlesen, alles ist bis aufs Kleinste bekannt.

Auch diese Vorgehensweise war schon im British Empire nicht neu. Sie wurde schon Jahrhunderte vorher von den Wikingern so angewandt, die ganze Völker ausrotteten, versklavten oder in Tributhaft nahmen. Die Wikinger aus dem skandinavischen Norden fielen so lange auf der englischen Insel ein, mordeten und brandschatzten, bis es ihnen dort so gut gefiel, dass sie blieben - und York zu ihrer Hauptstadt machten.

Naja, ich will nicht zu viele geschichtliche Zusammenhänge *miteinander verweben*, aber beachtenswert finde ich es schon wie über die vielen Jahrhunderte hinweg doch immer wieder die gleichen *Praktiken* angewandt wurden - und heute noch angewendet werden.

Was nach meinem Dafürhalten sicherlich über die Jahrhunderte ein fester Bestandteil war - und heute auch noch gilt, ist, dass die Engländer nach wie vor ein großes *Seefahrervolk* sind. Wagemut, Ausdauer und Härte zu sich selbst, verbunden mit einer ausgeprägten *Verbindung zu Meer und fremden Ländern* sowie Handelsgeschick sind sicherlich auf ihrer Habenseite zu verbuchen.

Nicht umsonst haben Engländer, ausgehend von ihren Wikingerwurzeln über alle Jahrhunderte hinweg bis heute eine herausragende Schiffsbaukenntnis, aber auch eine ausgeprägte nautische Erfahrung und ein außergewöhnliches Wissen über Meere und Seewege erworben. Das wird sicherlich niemand ernsthaft bestreiten wollen.

Die andere Seite der Englishness-Medaille sind die negativen *Erbeigenschaften*, die wohl auch dem jahrhundertealten Seeräubertum zuzuschreiben sind wie das *Teile&Herrsche*-Spiel, das Brechen von Verträgen, Wortbruch, Tricksereien, nackte Lügen, Betrug bis hin zu Diebstahl und Raub; ein bequemes Leben führen auf Kosten anderer. Lieber anderen etwas wegnehmen oder rauben, als es selbst zu erarbeiten. Auch das ist *Englishness*.

Diesbezüglich ist England nach meinem Verständnis (noch) nicht im 21. Jahrhundert angekommen, sondern verharrt mental immer noch im *imperialen 20. Jahrhundert*.

Der US-amerikanische Außenminister Dean Acheson hat das schon 1962 süffisant so formuliert: „Großbritannien hat ein Imperium verloren und noch nicht eine (neue/passende) Rolle gefunden".

Zum Beispiel haben die von *Englishness* durchdrungenen *englischen Eliten* um Boris Johnson, „Lord" Frost, etc. (noch) nicht verstanden, dass viele Volksgemeinschaften wie die Schotten, oder auch die Nordiren nicht (mehr) an diesen *englischen Ränkespielen* mitmachen wollen – und aus dem *Club der Piraten & Sklavenhändler* austreten wollen.

Aber weil das so ist, macht England das, was es immer in so einer Situation gemacht hat, England geht (vorerst) wieder *auf große (Kaper)Fahrt*!

Diesmal nicht mit Segelschiffen und Seeräubern, sondern mit Flugzeugträgern und Atom-U-Booten. So schreibt Christian Bunke im Magazin Telepolis vom 22. Oktober 2020:

„Während Sealord Radakin (Anm Oberkommandierender der Royal Navy) neue chinesische Handelsrouten vor der britischen Haustür für eine Bedrohung hält, schlägt er völlig andere

Töne an, wenn es um die *weltweite Verteidigung westlicher Handelswege* geht. Deshalb sei die Royal Navy *dauerhaft überall auf der Welt auf Wache*. Man sei *immer im Wettbewerb* und, wo nötig, auch *immer herausfordernd*. Für das Jahr 2021 ist eine solche Herausforderung geplant. Dann soll sich die *HMS Queen Elizabeth* auf eine Reise durch den Golf, den Indischen Ozean und in den Pazifik hineinbegeben. Dies sei Teil einer *Freedom of Navigation*-Übung."

Das müssen also Nichtengländer von der *typischen Englishness* verstehen, moderne *Kaperfahrt* basierend auf erprobten Seeräubertum des 16. Jahrhunderts mit der *HMS Elisabeth* im 21. Jahrhundert. Elisabeth I. hätte Herrn Radakin umgehend zu ihrem persönlichen *Seahound* erklärt - und in den Adelsstand erhoben, der „Sir" wäre das mindeste gewesen, vielleicht wäre aus seinem Sealord noch ein echter „Lord" geworden.

Also *prosaischer* hätte es auch Lord Byron nicht formulieren können. *Nomen est omen* haben schon die alten Römer so etwas genannt. Auf eine solche Idee können nur *gelebte Prosaiker* kommen, also *herausragende Spezies,* oder eben *englische Eliten* mit einer großen Portion *Englishness.*

7.0. AUFRUF AN DIE ENGLISCHE JUGEND

„Es müsse «nicht im öffentlichen Raum gefeiert werden», dass ein Großteil des britischen Wohlstands dem Sklavenhandel zu verdanken sei“.
(Zitat: Sadiq Khan, Bürgermeister von London zum Sturz des Denkmals des Sklavenhändlers Robert Milligan)

Liebe junge Engländerinnen und Engländer, ich wende mich direkt an euch, weil eure aktuell regierenden Politiker und *Eliten* fast alle zu meiner Generation gehören.

Praktisch alle Camerons, Johnsons, Raabs, Patels, Javids sind (weitaus) jünger als 75 Jahre, sind also nach dem zweiten Weltkrieg geboren; praktisch keiner von ihnen hat die brutalen Kriegswirren erlebt und kann daher diese schreckliche Zeit wirklich beurteilen. Sie loben und preisen alle die *glorreichen (imperialen) Geschichten*, waren aber gar nicht selbst dabei.

Mit dem zukünftigen „Global Britain“ wollen eure *Eliten* euch eine großartige Zukunft versprechen wie die während des ehemaligen „British Empires“. Boris Johnson und seine Entourage wollen wieder *vorwärts in die Vergangenheit zu alter Herrlichkeit*.

All die Boris Johnsons und Rees-Moggs plappern über das *ruhmreiche British Empire*. Sie klammern aber aus, dass *dieses Empire* auf Seeräubertum, Sklavenhandel, -haltung sowie kolonialer Ausbeutung beruht. Sie beschwören die *einzigartige Englishness* und verehren die alten „Sirs and Nobles“, die in *philanthropischer Art und Weise* große Summen für den Auf- und Ausbau eurer Bildungsstätten und Sozialeinrichtungen spendeten, blenden dabei aber aus, dass gerade dieses unermessliche Vermögen mit dem Blut von Millionen von toten Sklaven und anderen ausgebeuteten Völkern erwirtschaftet wurde.

Es ist wirklich egal, welches Geschichtsbuch man über England aufblättert, es gibt keinen Unterschied, wenn man im Internet forscht; es tut sich nur eines auf – ein Abgrund an unmenschlicher Verwerflichkeit, ein Morast von Mord und Totschlag. Wie kann man *die alte Herrlichkeit* als Ziel vornehmen, wenn die ausgeblendeten *Begleitumstände* nicht im Ansatz aufgearbeitet sind? Wie kann man in Oxford in der „Rhodes-Library“ der *eitlen Englishness frönen* und dabei die Umstände dazu ausklammern? Wie kann man als Student das „All Saints College“ betreten, ohne an die Millionen von Sklaven zu denken, die von *englischen Philanthropen* auf das Brutalste bis zum Tod ausgebeutet wurden? Welche Gedanken gehen euch durch den Kopf, wenn ihr die „Codrington Library“ benutzt, um euch weiterzubilden?

Ich kann mir nicht vorstellen, dass ihr, liebe junge Engländerinnen und Engländer, zu *dieser alten Herrlichkeit* wieder zurück wollt. Ich will nicht glauben, dass ihr eure Zukunft auf Lug, Betrug, Mord, Totschlag, Ausbeutung und Sklavenhandel aufbauen wollt. Schon in einem meiner vorherigen Bücher habe ich meine persönlichen Eindrücke zum Austritt Großbritanniens aus der EU beschrieben:

„Ich gebe zu, ich bin im Sommer 2016 aus allen Wolken gefallen, als ich euer Ergebnis zum Referendum vernommen habe. Ich war persönlich als junger Mensch in den 60iger Jahren des letzten Jahrhunderts in England und durfte die großzügige Gastfreundschaft in einer englischen Familie in der Nähe von Liverpool genießen. Auch das eine oder andere Kind aus der Familie besuchte uns später noch im Alpenland. Später machten ein paar Freunde und ich nochmals einen Besuch bei einer Familie in der Nähe von London und wurden sehr herzlich aufgenommen. 2016, die Brexit-Wahl war wie ein böser Alptraum für mich, ich konnte mir das Ergebnis gar nicht vorstellen. Und dann das jahrelange politische Gezerre und *krämerseelenhafte Gefeilsche* um Besitzstände und Länder und all die unwürdigen Vertragsspielchen, dieses Zocken wie in einer schmuddeligen und dunklen Spelunke auf dem Niveau von Hütchenspielern. Sukzessive verlor ich meinen positiven Eindruck von euch, nein falsch, von euren *Eliten*!“
(Quelle: Mehr Europa Wagen – die Vision, Rodolfo Di Telo)

Ich habe nun ergänzend dieses Buch geschrieben, weil es in England wohl nicht oder kaum noch Widerstand gegen die unfassbar grauenvollen Lügen und Halbwahrheiten gibt. Politik und Medien haben sich zu einer unheiligen Allianz verbündet.

Mit Elisabeth I. hat das Rauben und Plündern begonnen, lasst es mit Elisabeth II. beenden. Beendet das Königtum nach Elisabeth II.! Schließt das *monarchische Kapitel* ab und beendet damit das *royal geduldete* Seeräubertum, den Sklavenhandel und den Kolonialismus, den eure aktuellen *Eliten* immer noch weiter betreiben wollen!

Schließt eure Eliteschulen in Oxford und Cambridge, die euch Zukunft vorgaukeln, euch aber den Zutritt zur Zukunft verwehren, weil sich nur die Söhne und Töchter der *Eliten* und der *Oberschicht* die Universitäten leisten können. Schließt die Eliteschulen wie sie in Frankreich geschlossen worden sind. Öffnet neue Schulen, die Bildungsgleichheit für alle versprechen. Schließt die Institute, die auf Sklaverei und kolonialer Ausbeutung basieren.

1521 musste Martin Luther vor der Verurteilung in Worms flüchten und begann mit der Übersetzung der lateinisch geschriebenen Bibel; die *babylonische Sprachenverwirrung* folgte in ganz Europa und damit das Nationalstaatsdenken.

Im Jahr 2021, nach genau 500 Jahren, sollten wir wieder zusammenfinden. Europa hat genug geblutet; Europa hat sich genug selbst gequält. Jetzt ist es an der Zeit, dass wir Europäer uns vereinen und gemeinsam in eine glorreiche Zukunft gehen. In Zeiten, die von starken außereuropäischen Kräften geprägt sind, sollten wir Europäer unsere Kräfte bündeln und zusammen marschieren.

Junge Engländerinnen und Engländer, reicht euch die Hände mit den jungen (kontinentalen) Europäern und geht zukünftig den gemeinsamen europäischen Weg. Die Zeit ist abgelaufen, dass wir Europäer uns *auseinanderdividieren* lassen sollten.

8.0. *DIE HÜTCHENSPIELE* DER ENGLISCHEN *ELITEN*

„Sollte ich einmal einen Sohn haben, soll er etwas Prosaisches werden: Jurist oder Seeräuber“
(Lord Byron)

Das muss ich wirklich sagen, der Engländer Lord Byron muss seine Landsleute sehr gut eingeschätzt haben; mit seinem Zitat hat er *etwas zeitlos Englisches* hinterlassen, weil er gleich zwei Zustände unterschiedlicher Tätigkeit in Zusammenhang bringt.

Einerseits schiebt er die Seeräuber, also Gauner und Übeltäter, in die ähnliche Schublade wie die der Juristen und andererseits vergleicht er die Vorgehensweise der Juristen mit denen von Seeräubern. Ich möchte aber gleichzeitig schon festhalten, dass nicht alle Juristen (*See)Räuber* sind und so handeln.

In der deutschen Sprache gibt es für Juristen jener Art auch eine (negativ besetzte) Zusatzbeschreibung, nämlich den *des Winkeladvokaten* oder *Rechtsverdrehers*. Damit werden landläufig Juristen gemeint, die trickreiche und ausgefinkelte Verträge schmieden, um andere (Menschen, Gruppen, Staaten etc.) *über den Tisch zu ziehen*. Das was also Seeräuber handstreichartig machen, machen *Winkeladvokaten* mit *Tinte und Feder*.

Dieser Art der *juristischen Trickserei* haftet etwas Unseriöses an, weil sie nicht ausgleichend ist, sondern bewusst den jeweiligen Vertragspartner *hinters Licht führen soll*. Gerne werden *diese Verträge* klammheimlich und still in Hinterzimmern *ausgekungelt,* damit der Vertragspartner wenig oder gar keine Chance hat, sich über die Verhandlungstricks kundig zu machen. Meist wendet *der Rechtsverdreher* verschiedene Zusatzmethoden an, um den Vertragspartner abzulenken und ihn im Unklaren, oder durchaus auch ins Leere laufen zu lassen. Dabei werden *Hütchenspiele aller Art* angewandt, um den Verhandlungspartner zu verunsichern.

Die Hütchenspiele während der Brexit-Verhandlungen

Ein bühnenreifes Beispiel in der letzten Zeit waren die jahrelangen und wirklich ermüdenden Brexit-*Verhandlungen* zwischen England und der EU. Da wurde getrickst und getäuscht, was *der Instrumentenkasten der (wirklich unseriösen) Verhandlungstaktik hergibt*. Die ganzen *Verhandlungen* waren für meine Begriffe ein Lehrstück wie man unter seriösen Verhandlungsführern nicht miteinander umgehend sollte und führte vor aller Augen vor, welche Methoden der *englischen Juristerei* tagtäglich in London und Umgebung Usus sind. Für mich war es wie ein Echo aus der englischen Kolonialzeit, als die englischen Hütchenspieler wohl ihre Kolonien juristisch *aufs Kreuz legten*, wenn sie mit lokalen Stammesfürsten und Häuptlingen *Verträge aushandelten*.

Für meinen Begriff war schon der Beginn der Brexit-*Verhandlungen* eine Frechheit, als die englischen Gesprächspartner wie ein „Lord" Frost den ersten Sitzungen vollkommen ohne Unterlagen beiwohnten und die sachkundig vorbereiteten EU-Vertreter *arrogant einfach abtropfen* ließen. So nach dem *snobistisch englischen* Motto, wir verlassen einfach die EU und *sperren hinter uns die Tür zu*. Die englische Verhandlungsvorgabe war schlicht: „Machts, was ihr (die EU) wollt zu unseren Bedingungen. Wir sind zwar draußen, behalten aber alle marktrelevanten EU-Rechte bei!" oder „Wir behalten alle Rechte, aber ohne Pflichten."

Naja, nachdem das nicht fruchtete, wurde *Stufe zwei der englischen Juristerei* gezündet. „Teile & Herrsche" war jetzt angesagt; ziemlich perfide versuchten die englischen Vertreter mittels ihrer Jahrhundertealten Taktik die einzelnen EU-Länder gegeneinander auszuspielen. Dabei hat mir besonders gut gefallen, dass die EU-Länder da nicht mitmachten und jetzt ebenfalls die Engländer *abtropfen ließen*. Diese unwürdige und gegenseitige *Abtropferei* war ausgesprochen ermüdend für die zusehenden EU-Bürger und ließ sie oftmals ratlos zurück.

Als auch das nichts oder wenig für die englischen Verhandlungsführer brachte, wurde *Stufe drei der englischen Juristerei gezündet, das Modell tote Katze*. Wenn verhandlungstechnisch nichts mehr geht, *wirft man eine tote Katze auf den Tisch*, wohl so festgehalten in Herrn Barniers Tagebuch zu den Verhandlungen. Mit der *toten Katze* sollte Boris Johnsons Widerruf der Zusage des Nordirlandprotokolls gemeint sein. Alle waren bestürzt von diesem ungeheuerlichen Vorgang, die Glaubwürdigkeit seitens der EU-Gesprächspartner gegenüber den englischen *Verhandlern* erreichte einen erneuten Tiefpunkt. Aber es sollte (noch) nicht der Tiefste sein.

Das unwürdige Gezerre mit schriller Begleitmusik ging hin und her, bis am 24. Dezember 2020 tatsächlich ein Austrittsvertrag unterschrieben wurde. Dazwischen wurde *Stufe vier der englischen Juristerei gezündet, die Suche von Schuldigen im gegnerischen Feld*. Diverse Einlassungen erhöhten den Blutdruck aller Beteiligten und gipfelten (im negativen Sinne) unter anderem im obskuren Vorwurf seitens der englischen Eliten, dass *Merkel die wahre Schurkin am Brexit ist*.
(Quelle: Tom Bower, Philosophia Perennis UK, 02.12.2020)

Aber mit der *Vertrags*unterzeichnung war das grausame Spiel wie von der EU erwartet noch nicht zu Ende; die Hütchenspiele gingen sofort weiter, wurden jetzt aber auf eine andere Umgebung verlagert. Von London gingen jetzt die Probleme direkt an den eigentlichen Ort des Geschehens über die andauernden Diskussionen - nach Nordirland.

Das *Nordirlandproblem* nahm seinen Lauf. Damit die Grenze zu Irland offen bleibt, hatte Boris Johnson *vertraglich zugesagt* die Zollgrenze in die Irische See zu verlagern. Erwartungsgemäß waren die nordirischen Unionisten (Anhänger Englands) mit dem Ergebnis nicht einverstanden und begannen zu randalieren, worauf die zugesagten Verzollungen im Hafen von Larneport seitens der englischen Regierung ausgesetzt wurden. Gleichzeitig forderte Johnson nun am unterschriebenen Vertrag *zu feilen* - die üblichen Hütchenspiele also fortzusetzen. Es wurde damit *die Stufe fünf der englischen Juristerei gezündet*. Man war am momentan tiefsten Tiefpunkt angelangt.

Dort, wo man am Ende *der Troubles* 1998 mit dem Karfreitagsabkommen aufgehört hatte, einen jahrzehntelangen Bürgerkrieg zu führen. Dank der *englischen Juristerei* ist die große Gefahr gegeben, dass der Bürgerkrieg wieder aufflammen und es wieder zu blutigen Auseinandersetzungen kommen kann.

Im Ergebnis kann man festhalten, dass die englischen *Eliten und Juristen* am Ende sich immer *billig davonstahlen* und ein blutiges Desaster hinterließen. Sie erreichten mit *ihrer snobistischen Arroganz mit tödlicher Sicherheit* für die beteiligten Menschen immer den tiefsten Punkt der Verhandlungsergebnisse.

Ob es die diversen Hinterlassenschaften am Ende ihrer Kolonialzeit waren, ich erinnere nur an die unsinnige und blutreiche Grenzziehung in Kaschmir zwischen Indien und Pakistan 1947, oder an das frivole Sykes-Picot-Geheimabkommen zwischen Frankreich und England 1916, das heute noch seine blutrünstigen Spuren hinterlässt. Hunderttausende von Menschen mussten ihre Leben opfern, wegen dieser haarsträubenden und überheblichen Fehlurteile, oder jetzt wieder die Brexit-Gespräche, diese *vermaledeiten englischen Eliten* haben bis heute nichts dazu gelernt und meinen andere Völker oder Staaten mit ihren *Hütchenspielen beeindrucken* zu können.

Der Brexit zeigt, dass die *englischen Eliten, meist von den englischen Eliteuniversitäten Cambridge und Oxford,* immer noch nach demselben Muster ihre Verhandlungen führen, arrogant und von oben herab, und meinen andere *für blöd zu halten* und *über den Tisch ziehen zu können*.

Ja, das verstehen die *englischen Eliten* wohl selbst als ihre Stärke und ihre *Englishness*.

Die Hütchenspiele rund um die (innerbritische) Grenze zu Nordirland

Mit Beginn des Jahres 2021 spielt die englische Regierung nun abwechselnd die *verschiedenen Stufen der englischen Juristerei* und das unwürdige Spiel um den Brexit hört nicht auf. Obwohl die *Brexiteers* genau wussten, dass die momentan aktuelle Nordirlandregelung zu keiner friedlichen Lösung führen wird, stimmten sie zu, dass es nunmehr Grenzkontrollen zwischen England und Nordirland geben wird.

Als aber die tagtäglichen Grenzprobleme sichtbar wurden, tun diese Hütchenspieler so, als hätten sie nicht vorher schon über die zugestimmten Fragestellungen und Probleme Bescheid gewusst. Dabei wurde während der vieljährigen Verhandlungen immer wieder auf diesen Tatbestand hingewiesen.

Wie schreibt die EU-neutrale Neue Zürcher Zeitung am 20. Mai 2021 zu diesem Thema:

„Alleingänge Londons
Eigentlich ist vorgesehen, dass London und Brüssel bei Problemen in einer speziellen Arbeitsgruppe über Lösungen beraten. Johnsons Regierung setzte sich im März darüber hinweg, als sie einseitig ankündigte, Nachweispflichten und Kontrollen von Lebensmitteln hinauszuzögern. Daraufhin eröffnete die EU das Vertragsverletzungsverfahren, worauf London nun reagiert hat. Großbritannien plant ab Oktober die schrittweise Einführung der Gesundheitszertifikate und Checks.

Brexit-Minister „Lord“ Frost ließ in der « Mail on Sunday» wissen, es scheine, als wenn die EU britische Güter für Nordirland so behandeln wolle wie die Ankunft eines großen Containerschiffs aus China in Rotterdam. «Wir haben das nicht erwartet, als wir dem Protokoll zustimmten», so Frost. (...)

Kein Grund für Entrüstung
Doch Frost hat keinen Grund, sich überrascht zu geben. Handelsexperten hatten nie etwas anderes erwartet. Auch Johnsons Regierung schrieb im Oktober 2019 in Erläuterungen zu

der Nordirland-Lösung, dass alle Prozesse, die normalerweise für EU-Importe gälten, auch für Warenlieferungen von Großbritannien nach Nordirland angewendet würden. Doch auf der großen Bühne, der Pressekonferenz nach dem Abschluss des Handelsabkommens mit der EU am Heiligabend 2020, stritt Johnson die Existenz nichttarifärer Handelshemmnisse sogar komplett ab."
(Quelle, NZZ, 20.05.2021, Alleingänge Londons)

Oder wie ist in der Wirtschaftswoche vom 13.06.2021 zu lesen: „Nordirlandstreit, London wirft EU mangelnden Respekt vor" und zitiert den englischen Außenminister Dominic Baar „Manche EU-Politiker versuchten, den Status Nordirlands als Teil des Vereinigten Königreichs zu untergraben".
(Quelle: Wirtschaftswoche, 13.06.2021, Nordirlandstreit)

Das ist wohl *der typische Winkeladvokatensprech der englischen Eliten*, wahrscheinlich vielfach geübt und studiert an den englischen Universitäten von Oxford und Cambridge.

Jeder, aber auch wirklich jeder weiß wie das Nordirlandprotokoll zustande gekommen ist, nämlich, dass der *Oberbrexiteer* Boris Johnson dieses Protokoll für England unterschrieben und dabei klar gewusst hat, dass damit natürlich die Zollformalitäten in die Irische See zwischen England und Nordirland verlagert werden müssen. Obwohl also „Lord" Frost weiß, wer seitens der Engländer das Nordirlandprotokoll unterschrieben hat (weil er während der Unterschrift neben Boris Johnson gestanden ist), möchte er die (politischen) Konsequenzen daraus, nämlich ein mögliches Aufflammen der nordirischen Unruhen, der *EU in die Schuhe schieben*. So viel Widerwärtigkeit und Bösartigkeit muss schon sein.

So sind sie die *englischen Trickser, Täuscher* und *Hütchenspieler*. Egal, um welches Problem es sich gehandelt und wann und wo es stattgefunden hat, es sind immer diese *englischen Eliten* gewesen, die meinten, andere zu übervorteilen, Streit vom Zaun zu brechen und zum Schluss anderen *die Schuld in die Schuhe schieben* zu können.

Und wenn das alles immer noch nicht reichte, dann benutzten sie in der Regel ihre Marine als *ultima ratio* und ließen alles vernichten, niederschießen oder versenken.

So auch jetzt wieder, indem sie drohen ihre Marine auffahren zu lassen, sollten nichtenglische Fischer in die Fischfangbereiche Englands eindringen.

Die Hütchenspiele rund um die Unabhängigkeit Schottlands

Ich liebe die lateinische Sprache, weil die Römer vor über zwei tausend Jahren bereits Begriffe entwickelten, die heute noch genauso gültig sind wie damals.

„Quod licet Jovi, non licet bovi" ("Was dem Jupiter erlaubt ist, ist (noch lange) nicht dem Ochsen erlaubt") soll zwar nicht bei den Römern verwendet worden sein, aber in ähnlicher Weise.

Der Spruch passt zur Einstellung der *englischen Eliten* sowie zu deren *Englishness* gegenüber der Unabhängigkeitsbestrebung der Schotten und Nordiren.

Während die *englischen Eliten* eine breite *Los von der EU*-Kampagne propagierten und *alle Hebel in Bewegung setzten* (siehe vor), um aus der EU auszutreten, wollen sie jetzt gleichzeitig mit allen Mitteln verhindern, dass Schotten und Nordiren wiederum das Vereinigte Königreich verlassen wollen.

Gerade eben hat aber die SNP (Scottish National Party) *einen Erdrutschsieg* bei den schottischen Wahlen am 06. Mai 2021 *eingefahren*; die SNP unter Nicola Sturgeon votierte stark für die Unabhängigkeit von England und wurde dafür von der schottischen Bevölkerung belohnt. Sie erreichte fast die absolute Mehrheit (64 von 129 Mandaten); zusammen mit den schottischen Grünen, die 8 Mandate holten, und auch für die Unabhängigkeit Schottlands eintreten, haben sie also eine komfortable Mehrheit von 72 Mandaten im Parlament in Edinburgh.

Aber die Zustimmung zu einem erneuten Referendum liegt bei der Zentralregierung in London und Boris Johnson hält nicht viel davon. Der *Jupiter Boris in London* will also *den Ochsen* (schottische Bevölkerung) die Zusage zu einem erneuten Referendum verweigern, obwohl die überwiegende Mehrheit der Schotten ursprünglich nicht aus der EU austreten wollte und mit großer Mehrheit für die Zugehörigkeit zur EU votierte.

Das nenne ich eine *brutalst mögliche* Arroganz und ist wohl der in England weit verbreiteten *Englishness* geschuldet. Selbst *kein Sklave sein* zu wollen, aber *andere als Sklaven oder Ochsen zu halten,* getreu dem Lied *„Britannia will never be slaves"*.

Auch da sind sich die *englischen Eliten immer treu geblieben*, andere Länder und Völker versuchten sie, wo es nur geht, auseinander zu dividieren und den typischen *Goldapfel der Eris* (Zankapfel) zwischen die Menschen zu werfen, auf dass sie sich *zerstreiten und zerfleischen sollten*, während England dann die Früchte einfuhr. So unterstützten sie nach dem 1. Weltkrieg alle Völker in Österreich-Ungarn und Preußen sich aus den beiden *Völkerkerkern* zu befreien, damit diese beiden Großreiche künftig keine wirtschaftlichen und militärischen Wettbewerber sein würden.

Jetzt aber, wo es *ans Britische Eingemachte geht*, da *kennen sie kein Pardon* und *sperren ihre eigenen Landsleute* ein. Lieber sehen sie *Großbritannien als einen Völkerkerker* an, als dass sie auch *nur ein Jota von ihrer Selbstsucht und Gier abgeben.* Johnson versucht mit allen ihm zur Verfügung stehenden Mitteln zu verhindern, dass aus Großbritannien ein *Kleinbritannien* wird, koste es für *die Menschen im britischen Völkerkerker* was es wolle.

Wie schreibt die Frankfurter Rundschau tagesaktuell dazu: „Sturgeon sagte weiter: *Die einzigen Menschen, die über die Zukunft Schottlands entscheiden können, sind die Schotten*. Wenn London diesen Willen blockiere, handele es sich beim Vereinigten Königreich nicht mehr um eine Union aus Zustimmung, sondern aus Zwang. Ihr Vize John Swinney assistierte: *Boris Johnson ist nicht irgendeine Art Lehensherr von Schottland.*"
(Quelle: Frankfurter Rundschau, 10.05.2021)

Die Hütchenspiele rund um die Corona-Impfstoffbeschaffung

Was für eine Meinung hat Boris Johnson, Premierminister von Großbritannien, zur Corona-Impfbeschaffung?

20min.ch zitiert Boris Johnson:

„Der britische Impferfolg gründet auf Gier und Kapitalismus, meine Freunde". Bei einem Zoom-Treffen gab sich der britische Premier unverblümt, bevor er ganz schnell zurückruderte."
(Quelle: https://www.20min.ch/story/sind-gier-und-kapitalismus-der-grund-fuer-den-britischen-impf-erfolg)

Na, wenn da nicht Boris Johnson *den Nagel auf den Kopf getroffen* hat; sowas von unverblümter Ehrlichkeit kann nur aus dem Herzen eines *zutiefst von Englishness durchdrungenen* Menschen kommen. Und eine zweite Aussage soll wohl von ihm stammen, die durchaus die *Englishness der englischen Eliten* verdeutlicht.

Die Berliner Zeitung zitiert dazu:

„Bei einem Treffen soll sich Johnson gegen einen Lockdown ausgesprochen und gesagt haben: „Sollen sich doch die Leichen zu Tausenden stapeln." Er bestreitet das.
(Quelle: Berliner Zeitung, 26.4.2021)

Ja, wenn man mit England zuvörderst *eine Finanzdrehscheibe verbinden will* und weniger mit einem Land, indem auch normale englische Bürger sich wohl fühlen sollen, ja dann kommen halt solche flapsigen Sprüche von den *elitären Lippen*.

Die von *Englishness durchdrungenen Eliten* Englands, also die, die auf ihren Landsitzen residieren und weit weg sind von den kleinen englischen Bürgern, also jene, die in engen Verhältnissen in den Londoner oder Liverpooler Vororten wohnen müssen, weil sie sich nichts anderes leisten können, also *diese oben genannten Eliten* zeigen natürlich wenig Verständnis für die Lebenssituation der Ärmeren während der Coronapandemie. Da kann schon mal so ein Satz fallen wie: „Sollen sich doch die Leichen zu Tausenden stapeln“; das muss der *kleine englische Mitbürger* doch verstehen, dass *Späne fallen*, wenn die hohe englische Politik *hobelt*.

Mit *Kollateralschäden* muss die *normale Bevölkerung* doch umgehen können, und Verständnis zeigen, dass halt gerade die ärmliche Bevölkerung leider beim Lockdown viel stärker betroffen ist als die *reiche Elite*, ja das ist *nun mal ihr Schicksal* (für die Armen). Da kann es schon passieren, dass sich *die Leichen zu Tausenden stapeln können*. In Indien, der ehemaligen Kronkolonie nennt man das Karma, es ist also *das Karma* (i.e. Schicksal) der englischen Armen und die Pandemie *erlöst quasi* die Ärmeren.

Ja, das verstehen *die englischen Eliten unter Englishness*, da sind sie zutiefst von überzeugt. Sie sind gewissermaßen durchdrungen von Rhodes epischen Worten die „erste/höchste Rasse der Welt“ zu sein. Sie gehen täglich zu Bett in der festen Überzeugung gegenüber anderen Menschen und Völkern intellektuell und habituell überlegen zu sein (und dabei *die größtmögliche Gier* an den Tag zu legen).

Mit dieser Einstellung ist man *natürlich mit sich eins* in der Vorgehensweise für sich das Beste rauszuholen und noch stolz darüber zu sein, andere *über den Tisch gezogen* zu haben. Besonders stolz sind sie natürlich darüber, wenn sie die EU in möglichst Allem *austricksen und vorführen* können. Da können sie ihre Schadenfreude (also ihre *Englishness*) dann gar nicht mehr bändigen.

So zum Beispiel freute sich der englische Gesundheitsminister Matt Hancock diebisch die EU beim Zukauf des AstraZeneca Impfstoffs übervorteilt zu haben, und *Englishness*-getreu und Lord Byron folgend, einen guten *Winkeladvokaten* eingesetzt zu haben. Ergänzend muss man noch festhalten, dass die Fa. AstraZeneca ein Britisch-Schwedischer-Pharmakonzern ist, den Impfstoff selbst aber vorwiegend in der EU herstellt. England kann also froh sein, überhaupt die Impfstoffe zu bekommen.

Wie berichtet der MDR, am 25. März 2021 zu diesem Thema:

„Minister: Britischer Vertrag sticht europäischen
Mit Blick auf den Streit zwischen der EU und AstraZeneca über gekürzte Liefermengen sagte Hancock der Financial Times: ‚Unser Vertrag übertrumpft deren. Das nennt sich *Vertragsrecht* und ist eindeutig.‘ Die EU habe einen Vertrag, der lediglich ‚beste Bemühungen‘ seitens des Impfstoffherstellers zusichere, London habe sich hingegen Exklusivität ausbedungen.

29 Millionen Dosen lagern in Italien
Zusätzlich unter Druck geriet AstraZeneca am Mittwoch durch Berichte über in Italien gelagerte Dosen des Impfstoffs. Es geht dabei um nicht weniger als 29 Millionen Dosen. 16 Millionen Dosen davon sollen laut einer Reaktion des Pharma-Unternehmens in den nächsten Wochen an die EU geliefert werden, man warte auf die Freigabe durch die Qualitätskontrolle. Die übrigen 13 Millionen Dosen sollten an die Initiative Covax gehen, die Impfstoff in ärmere Länder bringt. ‚Der Impfstoff wurde außerhalb der EU hergestellt und in das Agnani-Werk gebracht, um in Fläschchen abgefüllt zu werden‘, erklärte AstraZeneca.“

Aha! So laufen die *Lord-Byron-Gedächtnisspiele* also ab, also diese *Winkeladvokaterei,* aber diesmal auf offener Bühne. Statt wenigstens den Mund nicht so voll zu nehmen, posaunt Herr Hancock seine prahlerische Überheblichkeit hinaus, wie ein kleiner ungezogener Junge, der sich seiner Blödheit nicht bewusst ist und die anderen munter weiter beleidigt.

Ja, das gehört wohl auch *zur Kultur der englischen Englishness*, *arrogant-verblödet* zu plappern, statt dann und wann einfach still zu sein. Wenn Herr Hancock schon so frech ist und weiß, dass die Impfstofflieferung zwischen der EU und England *eine Einbahnstraße ist*, dann wäre es einfach intelligent mitunter dann und wann die Füße still zu halten – und den Mund, getreu dem Motto „Reden ist Silber, Schweigen ist Gold“.

Den Mund zu halten lernt man aber nicht auf den sündhaft teuren *Elitekaderschmieden* Cambridge und Oxford, sondern nur und ausschließlich diese *einzigartige Englishness im Zusammenspiel mit der Winkeladvokaterei* während der Studien in der vom *Sklaventreiber und -halter* Christopher Codrington gestifteten Codrington Library (siehe Kapitel 3, Christopher Codrington).

Die Hütchenspiele um den EU-Außenbeauftragten

Als 2020 das Brexit-Abkommen unterschrieben war und *alle erschöpft im Sessel lagen*, da dachten die englischen und auch die EU-Bürger, dass nun endlich Ruhe einkehren würde.

Aber die englischen Eliten wären nicht die *englischen Eliten*, wenn sie nicht ihre Spielchen weitertreiben wollten.

Die *Tinte (Vertragsunterzeichnung) war noch nicht trocken*, da machten sie wieder weiter, diesmal verwehrten sie dem EU-Außenbeauftragten (Herrn Borrell) die Anerkennung und auch die Eröffnung eines EU-Außenbüros.

Sie wollten nur die einzelnen EU-Staaten anerkennen, aber nicht die EU selbst. Sie wollten wieder *zur (bewährten) Tagesordnung übergehen* und wieder das *Teile & Herrsche*-Spiel fortsetzen.

Weitere Hütchenspiele um das Brexitdesaster

Auch auf anderen Feldern werden die Hütchenspiele weitergeführt, unter dem Deckmantel der *Souveränität Großbritanniens*.

So wurden die EU-Bürger in England so schikaniert, dass ein großer Teil davon wieder in die EU-Länder zurückgekehrt ist. Davon betroffen waren sofort viele Sektoren, in denen Millionen von EU-Bürgern tätig waren, weil sie kostengünstig *vom Kontinent* angeworben worden sind, wie der

- englische Gesundheitssektor
- Transport- und Güterverkehr
- Lebensmittelbereich
- Agrar- und Tierzuchtbereich,

Beispielsweise stammten viele Krankenschwestern und Ärzte aus der EU und kehrten nun England den Rücken.

Auch der komplette Transportbereich leidet momentan unter dem Mangel von über 100.000 Fahrern, weil viele davon EU-Bürger waren, die nun auf den Kontinent zurückgekehrt sind. In diesem Zusammenhang leidet nun die gesamte Nahrungsmittelversorgung in England. Es herrscht:

- Mangel an Lebensmitteln
- Mangel an Truthähnen (zu wenig Schlachter)
- Mangel an Schinken
- Mangel an Bier
- Mangel an Benzin
- Mangel an Metzgern (z.B. können 120.000 Schweine nicht geschlachtet werden)
- ein ausufernder Fischereikonflikt
- ein umfangreicher Zollformalismus

Ein besonderes Spielchen möchte sich England rund um „Freihäfen“ leisten. Da soll nun die EU akzeptieren (aus der Sicht der Engländer), dass England zollfreie Bereiche auf der Insel einrichtet, um dann die günstig hergestellten Produkte in der EU und in der Welt konkurrenzlos billig verkaufen zu können.

Ich kann (und ich will) es mir nicht vorstellen, dass die EU da mitmacht, und sich ein *Singapur Europas vor die Nase setzen* lässt.

Gleichzeitig möchte England *als souveräner Staat* Steuererleichterungen schaffen, um so zu einem *Steuerparadies für Reiche* zu werden.

9.0. ÜBER DIE ENGLISCHE KRONE

"Man muss mich gesehen haben, um es zu glauben."
"I have to be seen to be believed."
(Queen Elisabeth II, Königin von Großbritannien)

Da ist was Wahres dran: Man bleibt wohl so lange *der ungläubige Thomas* in der Bibel, bis man die Queen wirklich gesehen und ihr die Hand geschüttelt hat.

In einer Welt von präsidentiellen Demokratien ist Königin Elisabeth II. sicherlich ein *kaum vorstellbares Relikt aus vergangenen Zeiten*; die Königin wirkt wie ein endemisches Reptil untergegangener Epochen. Wie schreibt dazu die Zeitschrift ‚Christ in der Gegenwart' mit dem Titel „Die letzte Gesalbte":

„Elizabeth ist nämlich nicht nur Staatsoberhaupt, sondern auch Oberhaupt der Anglikanischen Kirche von England. Eigentlich müsste man sagen: Sie ist eine durch und durch sakrale Figur. Um zu verstehen, was das heißt, blickt man am besten auf ihre feierliche Krönung am 2. Juni 1953 in der Westminster Abbey. Was dort im Gottesdienst passierte, sollte an die Salbung der Könige Israels im Alten Testament erinnern und knüpfte an die Einsetzung christlicher Herrscher bis in die Neuzeit an: Nach dem Gesang des Veni Creator Spiritus („Komm, Schöpfer Geist, kehr bei uns ein") intonierte der Chor die Krönungshymne *Zadok the Priest* von Georg Friedrich Händel. Die Melodie kennt jeder, weil sie heute die Hymne der Champions League im Fußball ist."
(Quelle: Christ in der Gegenwart, Ausgabe 18/2021, Die letzte Gesalbte)

Ja, irgendwie hat die englische Krone *etwas aus der Zeit Gefallenes*. Die englische Krone hat nicht nur weltlichen Status, wie viele Könige und Fürsten auch, sondern ist auch ein kirchliches Oberhaupt. Die englische Krone ist gewissermaßen Bindeglied zwischen Himmel und Erde. So eine Stellung hat nur noch der Papst in Rom inne, das muss man sich vorstellen.

England ist praktisch mit dem Vatikanstaat in Rom vergleichbar, es ist aber viel größer und irdisch gesehen mindestens so bedeutsam (und korrupt?) wie der Vatikanstaat zur Zeit der Renaissancepäpste im 15. und 16. Jahrhundert.

Ich bin mir nicht sicher, ob das vielen Engländern selbst so bewusst ist, sind sie doch in gewisser Weise in einem *Kirchenstaat* wohnhaft.

Während der (katholische) Kirchenstaat im Laufe der Jahrhunderte von seinem veritablen Ausmaß auf dem italienischen Stiefel zum heutigen Vatikanstaat zusammenschmolz und nur der religiöse Anteil seine Weltgeltung beibehielt, dehnte die englische Krone ihren *weltlichen* Machtbereich zur gleichen Zeit auf der ganzen Erde aus, bis es den größten Umfang in der ersten Hälfte des 20. Jahrhunderts, als das bekannte „British Empire", erreichte.

Insofern ist es durchaus verständlich, dass sich so viele Engländer nicht als *normale Europäer* sehen, sondern als ein (herausragendes) *Völkchen Gottes* auf einer Insel.

Ich denke, liebe Europäerin und lieber Europäer, spätestens jetzt *werden Ihnen die Augen aufgehen* und es wird Ihnen bewusst, warum wir Europäer für die Engländer gewissermaßen *Untermenschen* sind. Wer eine *göttliche Bindung zwischen Erde und Himmel* herstellen kann, muss *auserwählt* sein. Und so fühlen sich manche Engländer, speziell davon die *los von Europa* Brexiteers sowie die von *Englishness* durchdrungenen *Eliten.*

So hat es auch der berühmte Cecil Rhodes gesehen, der vom "ersten Preis in der Lotterie (des Lebens) gewonnen zu haben" spricht, wenn er die *spezifisch englische Spezies* meinte. Ich denke, diese Form von rassistischer Exklusivität findet sich heute noch zu einem Großteil in der *englischen Elite* (oder die Menschen, die sich dazu zählen).

Es gibt kein „Reich (Gottes) in dieser Welt“

Man kann heute die Stellung der englischen Krone aber auch anders sehen; nach aktueller Sicht wäre es pure Anmaßung und passt in die Denke vieler Brexiteers, dass England *etwas Besonderes* sei, was es natürlich nicht ist.

In einer Welt, in der Glaube Privatsache ist, hat diese antiquierte Position ihre Stellung verloren, sie ist obsolet und *so wichtig wie ein Kropf*. Diese Einstellung passte in das Mittelalter, aber schon Martin Luther im anfänglichen 16. Jahrhundert prangerte sie an und verweigerte dem Papst die Gefolgschaft.

Wie steht es doch selbst in der Bibel geschrieben:

„Jesus antwortete: Mein Reich ist nicht von dieser Welt. Wäre mein Reich von dieser Welt, meine Diener würden kämpfen, dass ich den Juden nicht überantwortet würde; aber nun ist mein Reich nicht von dannen.“
(Quelle: Neues Testament, Johannes Evangelium, 36)

Egal, ob man nun (katholischer) Christ ist, oder nicht, es gibt kein *göttliches Reich* in unserer Welt, das sagt Jesus selbst. Wer etwas anderes behauptet, betreibt Anmaßung in höchster Potenz. So auch die jeweiligen gekrönten Häupter in England, aber auch der Papst in Rom. Insofern haben diesbezüglich beide Institutionen viel Aufarbeitung zu leisten.

Fangen wir in diesem Buch bei der englischen Krone an, weil wir über den (*Nicht-mehr-)Zusammenhang* zwischen England und Europa diskutieren wollen.

Die englische Krone verknüpft die *göttliche Bindung* mit dem profanen Erbrecht, die Krone kann von den Eltern auf die Kinder und Kindeskinder weitergereicht werden, die *Salbung* des *royalen Vaters/der royalen Mutter* wird praktisch automatisch auf dessen/deren Kind übertragen; die *göttliche Monstranz* wird in England von Generation zu Generation weitergegeben.

Dieser überkommene *Brauch* sollte abgeschafft werden, wie insgesamt die (englische) Krone *ausgedient* hat. In einem modernen demokratischen Staat haben royale Institutionen mit dynastischem Anspruch grundsätzlich *nichts mehr verloren*.

Liebe junge Engländerinnen und Engländer, kämpft dafür, dass euer England *alte Zöpfe abschneidet* und sich modernisiert! Erneuert euer antiquiertes Parlamentssystem und baut es um zu einem wirklich demokratischen Gebilde, indem jede Stimme gleichwertig ist und nicht wie jetzt *nur Mehrheiten* eine herausragende Stimme besitzen.

Und baut eure archaisch anmutende Krone mit all den *dynastischen Erbrechtszuckungen* um zu einem modernen Präsidialsystem, das nur zeitlich begrenzt Macht im Staat ausüben darf.

Historisch betrachtet wäre es *nur recht und billig*, dass die Krone verbleicht, haben doch viele *gesalbte englische Häupter* während der Jahrhunderte langen Seeräuber- und Kolonialzeit zumindest *an der Ausbeutung mitgenascht*. Keiner der Könige und Königinnen ging leer aus. Schon, um *dem kolonialen Spuk ein Ende zu bereiten*, wäre ein baldiges *Abrüsten* der englischen Krone erforderlich.

Liebe junge Engländerinnen und Engländer, lasst eure aktuell gesalbte Königin in Frieden in den Himmel zu ihrem Philipp nachfolgen, sorgt aber gleichzeitig dafür, dass die Krone damit *erledigt wird*! Geht auf die Straße und kämpft für die Abschaffung des Königtums und der royalen Nachfolge. Bringt diese Institution auf demokratischem Wege selbst zu einem Ende!

Meine persönliche Erkenntnis, Präsidenten mit zeitlichen Regierungsmandaten reichen völlig aus. Sind sie gut, kann man sie wieder wählen, heißen sie nichts, kann man sie frühzeitig abwählen.

Wenn die Geschichte eines gelehrt hat, dann ist es das, dass Umwälzungen nicht aufgehalten werden können. Ich spreche aus Erfahrung, weil ich zum Beispiel den Zerfall des Sowjetkommunismus (mit Abstand) erleben durfte. Der Sowjetkommunismus hatte sich verbraucht und implodierte, Gott sei Dank weitgehend unblutig.

Aber ich denke auch an die ehemaligen Kaiserreiche, Russland, Österreich, Deutsches Reich. Diese gingen nach dem verlorenen 1. Weltkrieg äußerst blutig unter und hinterließen ein fürchterliches politisches und wirtschaftliches Desaster.

Also macht es lieber selbst, demokratisch - und möglichst konfliktfrei. Gründe habt ihr genug, die täglichen *royalen Schmierstücke* zeigen überdeutlich, dass der Krone *der Stecker gezogen werden* muss. Teile der königlichen Familie zeigen (fast) täglich, dass sie ihren *royalen Pflichten* nicht oder kaum nachkommen, sondern lediglich prächtig von den üppigen Apanagen leben wollen und an euren Steuergeldern *schmarotzen*.

Mit dem *Ende der Krone* wäre auch ein gutes Stück des Commonwealth in Ordnung gebracht. Als Oberhaupt des Commonwealth, also vieler ehemaliger britischer Kolonien, ist die Krone neben Großbritannien auch (gesalbtes?) Staatsoberhaupt zum Beispiel von Kanada, Australien, Neuseeland usw. Ich denke, diese ehemaligen Kolonien haben es verdient aus der Mithaftung der *unrühmlichen englischen Kolonialgeschichte* entlassen zu werden. Außerdem entspricht dieses ganze *Konstrukt* nicht mehr der demokratischen Entwicklung in der Welt des 21. Jahrhunderts.

Des Weiteren unterstehen der Krone direkt gesonderte Gebiete wie die Kanalinseln Jersey, Guernsey und die Isle of Man sowie weitere Überseegebiete; diese könnten dann in das englische Staatsgebiet eingegliedert werden, oder eben auch die Unabhängigkeit erhalten. Auch das würde *das ganze Brimborium um die Krone* vereinfachen.

10.0 BRAUCHT DIE WELT EIN „GLOBAL BRITAIN"?

„Der Krieg ist eine bloße Fortsetzung der Politik mit anderen Mitteln."
(Carl Philipp Gottlieb von Clausewitz, Buch „Vom Kriege")

Für die Entwicklung seines zukünftigen „Global Britain", also einer *Retroversion* des ehemaligen „British Empire", tut Boris Johnson auch wirklich alles, um England, aber vor allem sich selbst, immer wieder ins Gespräch zu bringen. Da dürfen ruhig mal *Hasen aus dem Hut gezaubert* oder die eine oder andere Nebelkerze geworfen werden.

Ein neues Flaggschiff

So auch diesmal; Boris Johnson möchte gerne ein neues „nationales Flaggschiff" für ca. 200 Mio. Pfund (ca. 230 Mio. €, 2021) bauen lassen, um »den aufkeimenden Status als große, unabhängige Seehandelsnation widerzuspiegeln« und ein »klares und starkes Symbol für unsere Selbstverpflichtung (...) [sowie], ein aktiver Akteur auf der Weltbühne« zu sein". Johnson möchte »auf dem Schiff unter anderem ranghohe Handelsgespräche und politische Gipfeltreffen stattfinden« lassen.
(Quelle: Der Spiegel, 30.05.2021, Johnson lässt neues Flaggschiff bauen)

Na gut, diesmal *ein Flaggschiff* also, er möchte mit dem Flaggschiff *den Globus umrunden*, als Zeichen neuer englischer Stärke *auf den sieben Weltmeeren. Rule Britannia und Flagge zeigen* mit einem neuen Flaggschiff sozusagen und allen Menschen auf der Erde zurufen „Wir sind wieder da, und wir sind wieder wer!" Er möchte dem ehemaligen British Empire damit wohl *wieder den (kolonialen) Odem einhauchen*, also in alle Häfen der Welt und der ehemaligen Kolonien einfahren – und dort *Flagge zeigen*!

Dumm nur, dass sich die Erde seit dem Abgang des alten British Empire um einige Runden weiterdrehte und sich auch die Koordinaten der Macht wesentlich verschoben haben, und das nicht immer zugunsten Londons. Bombay (heute Mumbai) musste zum Beispiel die (Staats)Macht nach Delhi abgeben, Sydney nach Canberra und Hongkong ist politisch praktisch nicht mehr existent. Ehemalige (strategisch) wichtige Häfen und Machtzentren sind heute nur noch Häfen, also *ein Korpus ohne Kopf* sozusagen. Was will der Herr Johnson zum Beispiel in Hongkong tun? Den Victoria-Peak besteigen, oder eine (zugegeben beeindruckende) Hafenrundfahrt machen? Ich glaube nämlich nicht, dass sich die chinesischen Machthaber sofort in den nächsten Flieger setzen werden, um von Peking nach Hongkong zu fliegen, nur um vor Herrn Johnson *den Kotau zu machen*. Also, wenn der Herr Johnson etwas (Politisches) von den Chinesen möchte, dann wird er sich wohl eher nach Peking bemühen müssen als umgekehrt die Chinesen nach Hongkong auf sein Flaggschiff. Für diese sicherlich wichtige *Dienstfahrt* wird er also wohl eher das Flugzeug benutzen müssen als sein Schiff.

Auch ein Herr Modi in Indien wird mit hoher Wahrscheinlichkeit nicht extra nach Mumbai in den Hafen kommen, nur *um Herrn Johnson zu huldigen*. Ich denke, diese Zeiten sind vorbei; das haben, wenn überhaupt, diese Machthaber noch *für die Queeny* gemacht, aber sicherlich werden sie das nicht für diesen wirren Blondschopf tun.

Nach meinem (einfachen und bürgerlichen) Verständnis mit ein bisschen Wissen über die Kontinente gibt es nur ein wichtiges (post)koloniales Land mit einer Hauptstadt als Hafenstadt und das ist Wellington auf der Nordinsel Neuseelands. Für die Anreise dorthin braucht man natürlich *ein Flaggschiff*. Für eine Reise nach Wellington lohnt es sich schon einmal *die Maschinen anzuwerfen*.

Zusätzlich gibt es noch jede Menge Inseln in englischem Besitz, die auch noch zu besuchen wären, aber ob man dafür ein Flaggschiff braucht, ist für mich nicht ganz nachzuvollziehen.

Des Weiteren sind die meisten (und wichtigen) Machtzentren, wie Washington, Moskau, Peking, sowie in Europa Paris, Berlin, Madrid im Landesinneren und nicht am Meer gelegen. Wozu also ein Flaggschiff?

Gut, alle skandinavischen Hauptstädte liegen am Meer und fast alle bis auf Finnland sind Königtümer, da wären genügend *dynastisch denkende Brüder/Schwestern im Geiste* vorhanden, was sicherlich zu einem leichteren Verständnis beitragen dürfte.

Die Vorfahren der englischen Eliten, die Wikinger, sind ja von Skandinavien eingewandert, da würde ein entsprechendes Schiff gegenüber den *(ur)alten Verwandten* schon *etwas hermachen*. Das kann schon sein, und jetzt, da *mehr und mehr Ungereimtheiten* seitens des dänischen Geheimdienstes zutage treten, da wäre so ein Schiff sehr praktisch für abhörsichere Gespräche – gut der englische MI5 ist immer dabei, aber das wäre nichts Besonderes. Der hat soundso immer *irgendwie die Finger im Spiel*. Königtümer neigen soundso nicht wirklich zu supranationalen Regierungssystemen; Vereinigte Staaten von Europa passen nicht zu deren dynastischen Genen. Da wäre so ein „Skandexit" eine willkommene Zukunft.

Ich könnte mir vorstellen, dass England den Königtümern wieder etwas Größe vorgaukeln möchte, gewissermaßen *vorwärts in die Vergangenheit* in die Zeiten Queen Victorias.

Der Bau eines Flaggschiffs ist also wohl mehr eine politische Nebelkerze, oder wie Johnson gerne formuliert, *eine tote Katze, die auf den Tisch geworfen wird*, um von übergroßen Brexit-Problemen abzulenken.

Aufbau einer (übertrieben starken) Marine

Und diese Diskussion, von der er ablenken möchte, hat es wahrlich in sich. Er will nämlich tatsächlich *seine maritimen Träume eines „Rule Britannia" wiederbeleben.*

Mit aller ihm zur Verfügung stehenden Macht will er die englische Marine wieder in die Nähe eines *globalen Players* rücken, eine Marine mit einer ähnlichen Stärke, wie vor hundert Jahren, als England unbestritten die Nummer eins der Weltmeere war. Johnson möchte wieder *auf der Weltklaviatur seine (grausamen) Spielchen* spielen.

Die *englischen Eliten* waren wohl immer (sehr) gelehrige Schüler von Clausewitz, anders kann ich mir diese, aktuell intensive, Aufrüstung in Großbritannien nicht erklären.

Das (wie lange noch) Großbritannien von heute steckt enorm viel Geld in die Rüstung des Landes und davon besonders in die Marine und in neue Atomwaffen. Großbritannien besitzt mittlerweile zwei komplett neu konzipierte Flugzeugträger und plant vier Atom-U-Boote der neuesten Klasse, wovon bis jetzt eines in Betrieb ist. Des Weiteren möchte Boris Johnson das englische Atombombenarsenal von 180 auf 260 Sprengköpfe aufrüsten - und verstößt damit gegen den Atomwaffensperrvertrag von 1970 und animiert damit gleichzeitig andere Länder *diesem guten Beispiel* zu folgen. Das versteht Boris Johnson wohl unter *der globalen Kraft des Guten*. Die *globale Kraft des Guten* hat dabei wohl in den politischen Rückspiegel geblickt und sich des British Empires erinnert, bei *dem die bloße Fortsetzung der Politik mit anderen Mitteln* die maritime Tageslosung gewesen ist.

Sollten also auf der (neuen) „Britannia" keine friedlichen Lösungen mit Gesprächspartnern möglich sein, dann soll wohl, Clausewitz gemäß, die Marine eingreifen, wie vor hundert Jahren auch schon. Da fahren dann die Flugzeugträger zusammen *mit der maritimen Entourage auf und lösen das Problem* mit Bomben, Granatwerfern und Seeblockaden. Und wenn das nicht reicht, Atombomben! (Also zutrauen würde ich es dem Wirrkopf.)

Mit der Ausrufung des „Global Britain“ denkt Boris Johnson damit auch heute wieder wahrscheinlich mehr in diese Richtung als an (ausgleichende) Politik per se. Das ist wohl das, was die *englischen Eliten* unter dem Merkelschen Spruch *vom Ende her denken* verstehen. Die *englischen Eliten* denken wohl immer zuvörderst an das Ende eines politischen Prozesses, also an das Chaos, das nach den *(kriegs)politischen Mitteln* noch übrig ist. Hauptsache die Eliten haben wieder ihre *materiellen Schäflein ins Trockene gebracht*.

Ja, auf diese Art haben die *englischen Eliten*, zusammen mit ihren *gekrönten Häuptern*, Jahrhunderte lang bestens gelebt. Seeräubertum, Sklavenhandel, -besitz und Kolonialismus waren über mehrere Jahrhunderte das Standardrepertoire ihrer Vermögensbildung und -vermehrung.

Das, was heute in England zu sehen ist, beruht meist auf den Schultern ausgebeuteter Sklaven, auf geraubtem Handelsgut in Verbindung mit geraubten Kolonien anderer Kolonialherren. Nicht, dass das andere Kolonialländer wie Frankreich, Holland oder Spanien auch gemacht hätten, aber England *dachte vom Ende her* – und setzte praktisch seine (starke) Marine sofort ein.

Und noch etwas, jetzt, wo Putin *seine (osteuropäischen) Muskeln wieder spielen lässt,* da *dampft die englische Schiffsentourage* nicht etwa in die Ostsee, um für die dortigen Länder (NATO)Beistand zu leisten. Nein, *die Schiffsentourage dampft nach Fernost* – möglichst weit weg also *vom (kriegerischen) Ost des Geschehens*.

Das versteht Herr Johnson also unter mit *dem guten Beispiel folgen*. (Möglichst) alle europäischen Länder, die von Russland geographisch entfernt liegen, sollen folgen – und sich möglichst nicht mit Putin anlegen. Oder mit Lukaschenka, dem weißrussischen (Größenwahn)-Zwerg; weil das so etwas wie eine gemeinsame Aktion gegen Diktatur und den aufkeimenden Retro-Kommunismus wäre.

Länder wie Holland oder in Skandinavien sollen die Anrainerländer Russlands wieder möglichst sich selbst überlassen und dem englischen *guten Beispiel* folgen. Ja, das ist *Solidarität á l´Angleterre*, *Öl ins Feuer gießen* und sich *dann aus dem Staub machen.*

Das hat Jahrhunderte bestens funktioniert, da denkt sich der *Blondschopf Boris*, dass das heute auch so gut klappen wird. Wahrscheinlich bastelt er mit Putin schon wieder an einem Nichtangriffspakt, oder besser an einem Beistandspakt, damit die EU *in die Zange genommen werden kann*. Irgendwelche *toten Katzen* wird er schon zur Begründung finden. Wahrscheinlich plaudert er schon *mit der royalen Verwandtschaft* in Skandinavien, wie sie *möglichst geschmeidig* die EU verlassen können.

Wissen tu ich das nicht, aber wundern würde es mich auch nicht (mehr), so wie ich die englische Politik historisch verfolgen konnte. England hat all die Jahrhunderte mit ihrer Geheimhaltungs- und Machtpolitik für Unfrieden unter den kontinentalen Reichen gesorgt; immer wenn ein Land mächtiger wurde, hat England *für Ausgleich gesorgt*, vorwiegend *mit anderen Mitteln*. Da wurden Kriege finanziell unterstützt, oder direkt mit Heeren eingegriffen, oder eben die Marine eingesetzt.

Leider haben die *royalen Hinterbänkler auf dem Kontinent* immer das *mit sich machen lassen*. Ich bin froh, dass es in vielen europäischen Ländern keine dynastischen Zuckungen mehr gibt.

Präsidiale Demokratien mit wechselnden Staatsoberhäuptern leiden diesbezüglich unter weniger *Mauscheleien* und zeigen mehr Transparenz; wenn ein Präsident geht, hat der folgende die Möglichkeit in die Archive zu blicken und *eine (politische) Sauerei aufzudecken*. So musste zum Beispiel Herr Sarkozy in Frankreich *vor den Richter*, weil er wohl Bestechung an einem Staatsanwalt durchführen wollte. Auch die Geheimdienste müssen sich wechselnden Regierungen und Präsidenten stellen und *damit vorsichtiger agieren*, um das *übliche Eigenleben* nicht ausufern zu lassen.

Die üblichen Tricksereien sowie „Teile & Herrsche“

Zum neuen „Global Britain“ gehört wohl auch *auf allen Ebenen zu tricksen*, und dann *sich selbst aus dem Staub machen zu können*, sollten sie bei ihren unrühmlichen Aktionen erwischt werden.

So möchte Herr Stanley Johnson, der Vater des *notorischen Lügners* und *wirren Blondschopfs* Boris Johnson, die französische Staatsbürgerschaft beantragen, weil er sich *plötzlich* der französischen Staatsbürgerschaft seiner Mutter erinnerte. Jahrzehntelang war er stolz auf die britische Staatsbürgerschaft und erwähnte mit keinem Wort die französische. Aber von *jetzt auf gleich* flog er im Frühjahr 2021 nach Frankreich, um die Staatsbürgerschaft anzutreten, und das mit 81 Jahren!

Das ist so einer *dieser miesen Tricks der Eliten*, um *sich alle Türen offen zu halten*. Während die englische Bevölkerung normalerweise nur eine Staatsangehörigkeit besitzt – und auf diese stolz ist, versuchen *diese schmierigen Eliten* mit allen ihnen zur Verfügung stehenden Mitteln *Ausweichmöglichkeiten zu schaffen*, um sich rechtzeitig absetzen zu können, sollte *ihr Spiel schief gehen*.

Vielleicht möchte er auf diesem Weg auch Einfluss auf die französische Politik gewinnen. Man weiß ja nie wozu Kontakte gut sind. Und gut wäre aus englischer Sicht sicherlich, einen Keil zwischen die aktuelle deutsch-französische Zusammenarbeit zu treiben. Aus der Sicht Englands wäre eine (zu) starke sicherheitspolitische Zusammenarbeit zwischen Deutschland und Frankreich eine politische Katastrophe, das wäre gewiss. Mit Deutschland und Frankreich im Tandem könnte England nicht (mehr) mithalten. Des Weiteren auch die momentanen Absetzbewegungen Schottlands und Nordirlands, die zu einer noch gravierenderen Schwächung Englands beitragen würden. Da muss rechtzeitig gegengesteuert werden.

Dann Herr Rees-Mogg, der näselnde *Brexiteer*, dem es nicht schnell genug gehen konnte, sich von der EU verabschieden zu können. Wo aber will Herr Rees-Mogg sein Geld denn *verdienen*? Richtig, sehr geneigte Leserinnen und sehr geneigter Leser, Sie haben es erraten, in der EU! Herr Rees-Mogg hat umgehend eine Investmentfirma in Irland eröffnet, damit er störungsfrei weiter seinen Geschäften in der EU nachgehen kann. Leben möchte er aber in England, wo er mit seinen *Brexit-Kumpani* ein Steuerparadies aufbauen möchte.

Diese beiden Beispiele zeigen, dass all diese *Brexiteers* nichts anderes sind als *die Zombies*, *die Untoten* der ehemaligen *englischen Eliten* während des „British Empires", also *die Wiedergänger* der vormaligen Seeräuber, Sklavenhändler und Kolonialherren. Sie wollen andere Länder ausplündern und in England selbst dann *den Stifter und Philanthropen* spielen. Sie haben dabei auch keine Scheu die eigene Bevölkerung hinters Licht zu führen und es für ihre Zwecke zu missbrauchen.

Sie wollen ihr *Winkeladvokatentum* ausreizen und sind dabei das letzte Bisschen an Vertrauenswürdigkeit zu verspielen; aber das scheint ihnen egal zu sein, Hauptsache sie erreichen ihr Ziel *auf Biegen und Brechen*.

Sollte das immer noch *zu nichts führen*, dann wird (wieder) die Marine *mobilisiert*, die die *aussichtslose Situation klären* soll; mit den üblichen Methoden wie Seeblockaden, und sogar mit der Androhung einer *nuclear option*, sollte die EU *nicht klein beigeben* (so haben es die englischen Zeitungen geschrieben).

In Kapitel 9 habe ich recht ausführlich über den Status „der englischen Krone“ gesprochen. Aber das königliche Oberhaupt ist nicht allein Oberhaupt in Großbritannien, sondern hat auch weitere Aufgaben über ihr direkt zugeordnete Länder und Inseln. Des Weiteren ist das königliche Oberhaupt gleichzeitig Oberhaupt aller Commonwealthländer, wie zum Beispiel Kanada, Australien oder Neuseeland. „Die englische Krone“ hat also eine für die jeweilige englische Regierung weit über das eigentliche Inselreich hinausgehende Bedeutung.

Jede englische Regierung, egal welche, *verteidigt mit Zähnen und Klauen* diesen (politischen) Sonderstatus, obwohl er *in der Welt des 21. Jahrhunderts nichts mehr verloren* hat.

Der Grund dafür, warum sich jede englische Regierung „die Krone“ leistet, *mit allem menschlichen Ach und Krach drum herum,* liegt in der geopolitischen sowie in der finanzpolitischen Bedeutung der Funktion. Als immer noch *Möchtegernimperium* möchte England damit *Weltpolitik betreiben* und über „die Krone“ Einfluss auf andere Länder ausüben.

„Die englische Krone“ ist für jede (englische) Regierung also mehr ein *politisches Instrument* als ein *Oberhaupt per se* und *benutzt* daher „die Krone“ dementsprechend für ihre (innen- und außen-) politischen Aktivitäten. „Die Krone“ ist also *mehr ein verlängerter Arm der englischen Regierung* als ein (wichtiges) Staatsoberhaupt für England allein.

Und da treffen sich die *Brexiteers* und *die Queen* („die Krone“); beide haben ein (politisches) Interesse an der Staatsfunktion.

Die Queen (zusammen mit ihrer *buckligen Verwandtschaft*) wollen an den *Trögen des Kronvermögens* sowie der üppigen Apanagen *teilhaben* - und die Brexit-Regierung benutzt „die Krone“ für ihre „Global Britain“-*Ambitionen*. Darum lässt sich also „die Krone“ (d.h. die königliche Familie) *gerne missbrauchen*; das (englische) Volk steht dabei sicherlich *weniger im Fokus* ihrer Überlegungen. Der königlichen Familie wachsen innerhalb dieser (Macht)Konstellation interessante Aufgaben zu - und sie erhält dafür noch *ein ordentlich geheiztes Zimmer inklusive üppiger Mahlzeiten* auf Staatskosten. Was will man als König/Königin mehr. Außerdem dürfen die *royalen Sprösslinge* wiederum auf Staatskosten *durch die Welt reisen* und lernen - neben vielen anderen Dingen - auch durchaus interessante Menschen und Völker kennen. Das ist also ein *Job mit oftmaligem Spaßfaktor* - und geringer persönlicher (Eigen)Leistung. Zum König wird man *geboren*, den Job muss man *sich nicht* (durch eigene Leistung) *erarbeiten,* im Gegensatz zum gesamten Rest der Bevölkerung.

Es ist also Macht mit gegenseitiger Machtunterstützung. Der eine Teil, die englische Regierung, braucht den anderen, um seine Machtfülle zu stabilisieren; mehr Sinn steckt nicht (mehr) in „der Krone". „Die englische Krone" ist also weniger *das Oberhaupt* der englischen Bevölkerung als das Machtinstrument der englischen Regierung.

Wenn also der *Oberbrexiteer* Boris Johnson mit seiner Marine *durch die Ozeane dampft,* und zum Beispiel in Gibraltar oder in Kanada oder in Australien *anlandet*, dann besucht er nicht *fremdes Land*, sondern nur das Staatsgebiet „der Krone", also der Queen. Und das hat unheimliche Vorteile bei seinen „Global Britain"-*Fantasien*. Schon aus diesem Grund wird er nichts tun, um „die Krone" abzuschaffen. Vielmehr wird er versuchen diese Funktion noch auszubauen, um die anderen Commonwealthländer noch stärker an die englische Regierung zu binden.

Der gerade aktuelle Skandal um das geplatzte U-Boot-Geschäft zwischen Frankreich und Australien zeigt, wie *nützlich* so *ein Oberhaupt* sein kann, wenn die Weltpolitik *in die vertrieblichen Zahnräder greift.* Da *herrscht dann Globalpolitik* und fest zugesagte Verträge müssen *hinten runterfallen*.

Des Weiteren unterliegen „der Krone" direkt diverse Länder und Inselchen, die heute schon gerne unter dem Begriff der „Steuerparadiese" laufen. Auch hier wird wieder „die Krone" *missbraucht*, um halblegale, oder sogar illegale Geldgeschäfte durchzuführen. „Die Krone", also praktisch *die royale Entourage*, schauen also *mehr oder minder augenzwinkernd* zu, wenn unter der staatlichen englischen Oberfläche *Geschäfte aller (oft unredlichen) Art getätigt werden*. Da trifft sich dann die *komplette Hochfinanz aus aller Herren Länder*, um *Geschäftsaustausch* zu betreiben - gerne darunter auch Damen und Herren aus öl- und gasreichen Ländern Osteuropas mit *mitunter fragwürdiger politischer Einstellung*.

Die aktuell veröffentlichten „Pandora Papiere" wollen belegen, dass doch glatt „die Krone" (genauer der Kronschatz) ein mysteriöses Immobiliengeschäft mit dem Diktator Alijew in der Höhe von ca. 80 Mio. € abgewickelt hat. Wo dieser wohl das Geld her hatte, um so eine Immobilie zu kaufen?

Und der Prinz von Wales (so die deutsche FAZ), soll sich bei Ordensverleihungen ordentlich *etwas in die Tasche haben stecken* lassen. Naja, mich würde schon interessieren, was die Walliser Bevölkerung sich dabei gedacht hat, er ist ja schließlich *ihr Prinz*! Die haben sich sicherlich gedacht, *der arme Kerl hat einen Sohn mit Frau und Kind* im teuren Kalifornien sitzen, der braucht zusätzlich etwas Taschengeld!

Da „die englische Krone" zuvörderst aber das Staatsoberhaupt der Engländer sein soll - und weniger ein Machtinstrument der englischen Regierung, stellt sich doch die Frage der Legitimation „der Krone" überhaupt. Ich weiß nicht, wie die englische Bevölkerung es sieht, aber ich bin der Meinung, dass ein Staatsoberhaupt zuerst *der erste (gewählte) Bürger im Staat* sein muss - und nicht *der verlängerte Arm der jeweiligen Regierung*. Im Gegenteil, das Staatsoberhaupt sollte unabhängig von jeder Regierung sein und gewissermaßen eine Kontrolle der Regierung bilden, also der Regierung *eher auf die Finger schauen*, als *politischer Handlanger* zu sein.

Naja, das ist wohl auch ein Teil der *berühmten Englishness*; das Volk ist für den König da, und nicht umgekehrt! Das Volk *darf „der Krone huldigen"* und „die Krone" *Machen und Tun lassen* – und ansonsten den Mund halten!

Da bin ich wirklich froh, dass wir ein parlamentarisches Regierungssystem haben mit einem Bundespräsidenten, der nur periodenweise gewählt den jeweiligen Regierungen *auf die Finger schaut* und Missstände anprangert.

Aber liebe (junge) englische Bevölkerung, ich bin ein ungebrochener Optimist, ich bin überzeugt, dass auch ihr erkennt, dass Königtümer etwas fürs 20. Jahrhundert waren, aber im 21. Jahrhundert *nichts mehr in Europa verloren* haben werden.

Insofern wünsche ich euch viel Erfolg in der Zukunft!

Ein „Global Britain“ - ohne (englisches) Volk

Liebe junge Engländerinnen und Engländer, was Boris Johnson zusammen mit seiner Brexit-Regierung anstrebt, ist sicherlich nicht für eure Zukunft zu sorgen, sondern nur und ausschließlich seiner Reichen-*Klientel* zu dienen, egal woher diese auch kommt. Ich werde hier ein paar Themenkreise anreißen, die aufzeigen sollen, dass ihr nur für seine Ziele missbraucht werdet.

Der Grund für die englischen Eliteuniversitäten

Dazu gehört, dass er *der Letzte sein* wird, der an der vorhandenen *Elitenausbildung etwas ändern* wird. Er war doch selbst der *Nutznießer* dieser *Elitenausbildung*. Die vorhandenen *Eliteuniversitäten* (nomen est omen) Oxford und Cambridge, sowie viele weitere mit ihren völlig überhöhten Studiengebühren sind doch nur und ausschließlich für die wohlhabenden Bürger aus England (und auch der Welt) gedacht, um *vom Pöbel abgetrennt*, *ungestört vom Mob,* ihre *Beziehungsspielchen treiben* zu können. Die reiche englische (Ober)Schicht möchte *unter sich bleiben*, losgelöst *vom Volk*. (Englisches) Volk und *die Eliten* sind *zwei sich ausschließende Mengen* (mathematisch gesprochen).

Boris Johnsons „Global Britain“ ist auch nicht für das englische Volk gedacht, sondern ausschließlich für seine (einfluss)reiche Oberschicht, die (möglichst) frei von allen *(Anstands)*Regeln ihre Geschäfte machen können. Das *englische Volk* ist dabei lediglich *ein notwendiges Übel*, das *ruhiggestellt werden* soll, *weil es halt schon da ist (auf der Insel)*.

Es fühlt sich für mich an wie das alte römische *Brot und Spiele* Verhältnis zwischen den reichen Senatoren und Kaisern sowie dem Volk in der Stadt Rom; die reichen Senatoren beuteten die Kolonien aus, mussten aber dann und wann auch die römischen Bürger *bei Laune halten*. Und so gewährten sie dem Volk in Rom die geschichtlich berühmten *Brot und Spiele*.

Liebe englische Bürgerinnen und Bürger, das muss euch klar sein: Boris Johnson, zusammen *mit seiner Entourage*, wollen euch *nur Sand in die Augen streuen* - und euch *ruhigstellen*, damit *die da oben* in aller Ruhe ihren Geschäften nachgehen können.

Liebe englische Bürgerinnen und Bürger, macht es deshalb so wie es auch eure französischen Bürger vorgemacht haben - geht auf die Barrikaden und erkämpft die Schließung dieser *Klientel*-Universitäten. Erkämpft es für eure Kinder und Enkelkinder und sorgt dafür, dass sie (annähernd) gleiche Bildungschancen erhalten. Es kann nicht sein, dass sich nur die Kinder der (einfluss)reichen und elitären Oberschicht eine (sehr) gute Bildung leisten können, während die Kinder der mittleren und unteren Bevölkerungsschicht *hinten runterfallen*. Das darf nicht sein und ist innerhalb eines modernen Staates nicht mehr würdig.

Ein weiterer Grund für die Schließung dieser Eliteuniversitäten sind die abartigen historischen Hintergründe zur Aufrechterhaltung des Studienbetriebs; es ist ja hinlänglich bekannt - und auch hier schon festgehalten, dass einige *Eliteuniversitäten* wie zum Beispiel die Oxforduniversität aus Spenden vermögender *englischer Philanthropen*, finanziert wurden, die wiederum *ihr Vermögen* auf den Schultern und dem Blut Hunderttausender Sklaven und ausgebeuteter Kolonialbewohner *erwirtschafteten*. Jeder Student, der dort studiert, oder studieren möchte, MUSS sich darüber im Klaren sein; er MUSS sich bewusst sein, dass *jeder Stein, jedes Buch, eine blutverschmierte Oberfläche* hat. Er MUSS es sich mit seinem Gewissen vereinbaren, ob er so *eine blutrünstige Vergangenheit* mittragen kann.

Besser wäre es einen Schlussstrich unter diese unrühmliche Vergangenheit zu ziehen - und ganz schlicht die Auflösung dieser *Bildungsstätten* voranzutreiben und mit dem Geld kostenlose Universitäten für alle jungen Studierenden zu gründen.

England intern, Lug und Betrug durch die Brexiteers

Wir schreiben das Jahr 2021 - das Jahr eins des englischen *Brexitlebens*, also der wirtschaftliche Zustand nach dem vollzogenen Bruch mit der EU.

Egal, welche Zeitung man liest, egal welchen Fernsehkanal man einschaltet und egal, welche Artikel über das Internet verbreitet werden, es herrschen Mangel, Chaos und Unzufriedenheit bei den englischen Verbrauchern. Es fehlt an praktisch allem (zum Zeitpunkt des Buches im Oktober 2021):

- Es fehlt Benzin.
- Es fehlen Lebensmittel und Güter des täglichen Bedarfs.
- Es fehlt Bier.
- Es fehlt Truthahn für den Weihnachtstisch.

Es fehlt alles, was ein normaler Bürger für sein tägliches Leben braucht. Warum ist das so?

Weil

- Ca. 100.000 LKW-Fahrer
- Ca. 20.000-30.000 Schlachter
- 10.000ende Pflegekräfte

in England fehlen, weil die Brexiteers durch eine rigide Ausländerpolitik Millionen von EU-Bürgern aus dem Land vertrieben haben. Das wiederum führte zum oben genannten Verteilungsproblem und zusätzlich zu weiteren katastrophalen Folgefehlern, dass

- Ca. 70.000 Schweine sowie jetzt
- 10.000e Truthähne

nicht geschlachtet werden können.

Alle wissen es (mittlerweile), es ist der *Brexit*, der für diesen Zustand verantwortlich ist, nicht Corona!

Es waren *die Brexiteers*, die die englische Bevölkerung belogen und betrogen haben; diese relativ kleine, aber finanzstarke und medienwirksame Gruppe hat die englische Bevölkerung über Jahre *weichgekocht* und mit (bewusst) falschen Informationen *auf die falsche Fährte gelockt*. *Diese Rattenfänger*, zusammen mit ihren Presse- und Medienvertretern, haben die Bevölkerung *hinters Licht geführt*, nur um ihre egoistischen Ziele verwirklichen zu können - nämlich einen, von anderen Systemen unabhängigen, (Freibeuter)Staat zu errichten.

Diese kleine Gruppe der Brexiteers missbraucht die englische Bevölkerung nur und ausschließlich für ihre eigenen Zwecke. Diese *Eliten* sitzen auf ihren Landgütern, in ihren Schlössern oder in ihren (super)teuren Stadtvillen, fernab von den normalen Menschen und spüren natürlich nichts von den *täglichen Problemen auf der Straße*. Dabei träumen sie von einem „Global Britain“, einem *Empire reloaded* sozusagen, also einem wieder *weltumspannenden British Empire* mit all den dazugehörigen Allmachtsphantasien.

Die täglichen Nöte der Engländer sind ihnen völlig egal, das ist *chicken feed* vielleicht, mehr nicht!

Warum ist dieser katastrophale Mangel überhaupt entstanden, obwohl viele Fachleute und Wirtschaftsspezialisten darauf hinwiesen?

Jahrzehntelang haben *diese Brexiteers*, zusammen mit ihrem willfährigen Medienklientel, knallharte Lügen über die möglichen Probleme verbreitet nach dem griffigen Motto:

„Take back control!“

Mit diesem Spruch, der jahrelang gebetsmühlenhaft landauf, landab wiederholt wurde, wurde die englische Bevölkerung *geimpft*, - und gleichzeitig Lügen über die EU verbreitet. Mit dem Spruch haben diese Betrüger aber gleichzeitig die *wirtschaftlichen Kollateralschäden unter den Tisch fallen* lassen.

Mit wirklich schmuddeligen *Angeboten* an die Bevölkerung, man kann auch Nebelkerzen sagen, versuchen sie von den oben erwähnten Verteilungskatastrophen abzulenken, wie zum Beispiel:

- Einführung einer „UK"-Autoplakette statt „GB"
- Wiedereinführung der alten Maßsysteme wie Pfund, Pint, etc.
- „Crown stamp" auf dem Bierglas (als Zeichen der richtigen Eichung)

Das führt dann zu einem fast schon gruseligen Zustand:

„Crown stamp" auf dem Bierglas, aber es gibt kein Bier zu trinken!

Oder:

Die „UK"-Plakette auf dem Auto, aber es gibt kein Benzin zu tanken!

Oder:

Die Wiedereinführung der alten Maßsysteme, aber es gibt nichts zu wiegen, weil es nichts zu kaufen gibt!

Und jetzt, da die tagtäglichen Schwierigkeiten offen sichtbar sind, werfen sie fast im Stundenrhythmus „tote Katzen auf den Tisch", um von ihrem verursachten Desaster abzulenken, und versuchen es der EU in die Schuhe zu schieben. Sie schrecken dabei auch nicht davor zurück, internationales Recht zu brechen.

Jetzt versucht diese Gruppe die nordirische Bevölkerung zu missbrauchen, in Verbindung mit dem Nordirlandprotokoll, das mit der EU geschlossen worden ist, damit die offene Grenze zwischen Irland und Nordirland auch offen bleiben kann, um von den innerenglischen Problemen auf der Insel abzulenken.

„Lord“ Frost betreibt sein *tägliches EU-Bashing* und gaukelt so der englischen Bevölkerung *Brexitinitiativen* vor, in Kauf nehmend, dass in Nordirland möglicherweise (wieder) ein Bürgerkrieg ausbrechen kann.

11.0 AUFRUF AN DIE EUROPÄISCHE JUGEND

„Der Mensch wird am DU zum ICH“
(Martin Buber)

Liebe junge (kontinentale) Europäer und Europäerinnen,

jetzt verlange ich schon wieder, dass ihr euch *mit der Geschichte auseinandersetzt*, aber jetzt auch noch mit einem heiklen Thema, das Ende 2020 abgeschlossen zu sein schien.

Wird es aber (leider) für euch nicht sein, genauso wenig wie für eure jungen englischen Freunde und Freundinnen, weil die momentane *englische Elite* (also im Wesentlichen die englische Führungsschicht meiner Generation) eine völlig andere Richtung verfolgt als die EU und der europäische Kontinent insgesamt.

So wie die Mehrzahl der aktuell handelnden Politiker in der EU einen *politischen Trümmerhaufen* hinterlassen werden, so haben die *englischen Brexiteers* völlig unnötig, aber mit (sehr) viel Arroganz, Egoismus und Gier, ein *geschichtliches Fass aufgemacht*, das eure jungen englischen Pendants werden *ausbaden müssen*. Leider betrifft *dieses Fass* aber nicht nur die englische Bevölkerung allein, was schon schlimm genug wäre, sondern (höchstwahrscheinlich) viele Länder und Menschen auf der Welt und davon zuvörderst uns Europäer, weil wir ja *Nachbarn Englands* sind.

Ihr werdet also *nolens volens* (wohl oder übel) in einen politischen Prozess hineingezogen werden, für den ihr nichts könnt, den ihr nicht begonnen habt, aber euch ungefragt *auf die Füße fällt.* Das alles nur, weil eine (relativ kleine) Gruppe von Menschen, die *erfüllt ist* von *Englishness*, also einer Mischung aus Überheblichkeit, Machtgehabe und Größenwahn, versucht, eine überkommene geschichtliche Machtfülle wieder zu erlangen, das „British Empire“. Das fühlt sich an, als würde Caesar wiederauferstehen und versuchen, sein Römisches Imperium wiederherzustellen.

Diese Gruppe der *geistig Untoten* um Boris Johnson verfolgt das Ziel eines „Global Britain“, also eine Art *British Empire reloaded*. Da das „British Empire“ aber tatsächlich ein weltumspannendes Reich war, das die Brexiteers versuchen wieder zu erlangen, werden auch viele andere Länder davon betroffen sein.

Ich möchte hier nicht wiederholen, was ich über viele Seiten in diesem Buch zusammengetragen habe, aber ich weise gerne auf das Kapitel 8, die (aktuellen) Hütchenspiele der englischen Eliten hin, weil die beschriebenen Gaunereien der heutigen englischen Eliten praktisch einer Wiederholung der unredlichen Praktiken aus dem vergangenen „British Empire“ entsprechen; fast eins zu eins kann man die juristischen Taktiken und unrühmlichen *Verhandlungsmethoden* aus der Vergangenheit erkennen.

Es ist das rechtliche und *verhandlungstaktische Repertoire*, das mit hoher Wahrscheinlichkeit an den englischen Eliteuniversitäten von Oxford und Cambridge gelehrt und angewandt wird. Diese Universitäten wiederum speisen sich aus den *Schenkungen* ehemaliger ungewöhnlich reicher *englischer Philanthropen*, die ihren *Zaster* durch Seeräubertum, Sklavenhandel und kolonialer Ausbeutung ergaunert haben. So wird praktisch die Bildung und Ausbildung der heutigen *Eliten* aus den unredlich erworbenen Vermögen mitfinanziert.

Liebe junge Europäer und Europäerinnen, sollten manche von euch also überlegen *nach England studieren zu gehen*, dann macht euch bitte klar, dass ihr dabei gewollt oder ungewollt eure Zustimmung zu den Verbrechen der englischen Vergangenheit gebt und in gewisser Weise damit das himmelschreiende Unrecht billigt. Immer dann, wenn ihr zum Beispiel über den Campus in Oxford läuft und das „All Saints College“ betritt, oder ihr Bücher in der *„Codrington Library“* ausleiht, dann denkt bitte an die Tausenden von toten und ermordeten Sklaven, die ihr Leben lassen mussten, damit ihr heute in Oxford studieren könnt. Ja, das ist auch *Geschichte leben*, zu wissen, was unredlich erworben worden ist.

Ich möchte euch *nicht zwingen*, dauernd in den *geschichtlichen Rückspiegel zu schauen*, sondern eure Blicke nach vorne zu richten. Aber ich glaube, es ist wichtig zu wissen, wie *die Vergangenheit ausgesehen* hat, um Dinge in Zukunft besser zu machen, also Fehler aus der Vergangenheit möglichst zu vermeiden.

Und dazu gehört eben auch zu wissen, welche (Hütchen)Spiele die *englischen Eliten* mit uns, und in Zukunft mit euch, spielen wollen. Ein *British Empire reloaded* braucht kein Mensch mehr auf der Welt, weder wir noch eure englischen Freunde.

Also müsst ihr wachsam sein und die *englischen Eliten mit Argusaugen beobachten*; diese menschenverachtende Gruppe will *nichts Gutes im Schilde führen*, sondern will nur ihre gierigen und machtbesessenen *Spielchen* mit euch und den jungen Engländern treiben. Sie wollen euch nur *benutzen* und für ihre verwerflichen Gaunereien missbrauchen.

Deshalb empfehle ich euch, dass ihr euch mit den jungen Engländern zusammentut, um gemeinsam *diese Klüngelbande* zu verjagen und aus den Schalthebeln der englischen Machtzentrale zu vertreiben.

So wie ihr in der EU supranationale Parteien aufbauen wollt, so organisiert zusammen mit Gleichgesinnten in England supranationale Bewegungen, die ihr schließlich in eure Parteistruktur einbinden werdet. Letztlich soll das europäische Schloss wieder voll funktionsfähig sein – zusammen mit dem abgemauerten Seitenflügel der ehemaligen *Cherry-Picker.*

Ihr werdet aber Geduld brauchen, wie für den Umbau zu den Vereinigten Staaten von Europa auch, aber letztlich ist es *eure Zeit* und es ist *eure Zukunft*, die ihr gestaltet, zusammen mit euren jungen englischen Freunden, und nicht die der rückwärtsgewandten englischen Hütchenspieler.

12.0 EINE MÖGLICHE LÖSUNG

Ich möchte euch nicht in ein politisches Abenteuer locken, sondern versuchen euch ein paar Gedanken zu geben, anhand derer ihr möglicherweise demokratisch und gewaltlos eure gewünschten Änderungen in Europa herbeiführen könnt.

Die englische Monarchie beenden

Die englische Dynastie des Hauses Windsor erinnert mich sehr stark an *die letzten Zuckungen der österreichischen Habsburger* im beginnenden 20. Jahrhundert. Es scheint wohl fast *ein Naturgesetz* zu sein, dass Dynastien nach ein paar Generationen *verbraucht* sind; woran das liegt, weiß ich nicht, aber es scheint wohl so zu sein, dass royale Dynastien einem *innerlichen Abnutzungsprozess unterliegen*, manchmal auch durch einen brutal äußeren.

Zum Beispiel in Frankreich: Ludwig XIII. und XIV. bauten auf und mit Ludwig XVI. waren die Bourbonen sprichwörtlich *am Ende*; Ludwig XVI. landete 1793 unter der Guillotine.

Ein ähnliches Schicksal erlitt das Zarenhaus Romanov: Zar Alexander II. wurde zuerst abgesetzt und dann 1918 ermordet; allerdings war auch das Zarenhaus bereits innerlich ausgelaugt. Vom Zaren und seiner Familie kamen lange vorher schon keine großen Impulse mehr.

Vielleicht liegt es auch daran, dass die verschiedenen *Herrscher* einfach nicht *die erforderlichen Regierungsgene vererbt* bekommen haben, wie es für die Regierung und Führung eines Landes notwendig wäre. Der Sohn (oder heute oft auch die Tochter) verfügt halt nicht über die *brauchbaren Erbeigenschaften* zum Regieren und die Erziehung kann das nicht immer ausgleichen.

Auch das sprichwörtliche „Gottesgnadentum mit Erbfolge“ scheint oftmals hinter den Erwartungen zurückzubleiben, der Herrgott im Himmel hat nicht immer *einen großen Wurf parat*.

Mit dem (natürlichen) Tod Franz Josef I. war auch das Haus Habsburg 1916 praktisch beendet, da sein Großneffe Karl I. als Nachfolger nur noch dem Ende der Habsburgermonarchie 1918 entgegenblicken konnte. Die Habsburger Dynastie war aber schon vorher innerlich zerrüttet und hatte keine Kraft mehr sich zu erneuern.

Bei den Hohenzollern war es ähnlich: Wilhelm II. hatte (auch) nicht die Fähigkeit zu einer Modernisierung der dynastischen Verhältnisse; 1918, mit der Kapitulation des deutschen Reichs, musste er abtreten und Deutschland verlassen. Er starb im Exil in Holland.

Auch die aktuell noch vorhandenen Dynastien an den europäischen Schalthebeln schwächeln mehr oder minder und in vielen Ländern tauchen Fragezeichen über den Weiterbestand der jeweiligen Monarchie auf.

So auch bei den Windsors. Ich bin ja nun wirklich *kein royaler Fan* und schau mir *die Cosa Reale* immer mit skeptischen Augen an, weshalb ich wahrscheinlich nicht als neutraler Beobachter betrachtet werden kann. Aber wenn ich mir *das pralle Leben* der Windsors so ansehe, dann wird mir schon mulmig vor den Augen. Es gibt nicht viele, die ich für den *Erhalt der göttlichen Salbung* für befähigt sehe - schon gar nicht in direkter Linie.

Meine Empfehlung: Lasst die jetzige Königin, Elisabeth II., in Frieden ihrem Ehegespons Philipp nachfolgen. Aber dann lasst auch das dynastische System *von dannen ziehen*, liebe (junge) Engländerinnen und Engländer. Es wäre auch gemäß Lord Byron schon sehr prosaisch: Der Aufstieg Englands zum „British Empire“ hat mit Elisabeth I. begonnen und endet mit Elisabeth II. Was für ein geschichtlicher Bogen da gespannt wird!

Die Fortsetzung folgt mit einem *stinknormalen* parlamentarischen oder präsidentiellen Regierungssystem mit den üblichen Kandidaten und Wahlperioden.

Freiheit für die Schotten und Nordiren (und Walliser?)

Liebe junge Engländerinnen und Engländer, der lateinische Spruch: „Quod licet Jovi, non licet Bovi!“ („Was dem Jupiter erlaubt ist, ist (noch lange) nicht dem Ochsen erlaubt“) passt zur arroganten Einstellung eurer *englischen Eliten*. Sie haben mit allen rechtlichen, oft aber auch mit unredlichen Methoden dafür gekämpft, dass sich England von der EU *verabschiedet*; es kam zum Brexit, der mittlerweile vollzogen ist. England möchte allein und unabhängig *die Welt beglücken*.

Aber große Teile des Vereinigten Königreichs wollten in der EU verbleiben; Schotten und Nordiren wollten weiterhin *zu Europa gehören.* Da aber die englische Bevölkerung mehrheitlich für das Verlassen der EU gestimmt hatte, wurden die Schotten und Nordiren *überstimmt* und mussten wohl oder übel mit euch gehen. Das alles ist bekannt.

Bekannt ist aber auch, dass die Schotten bei der letzten Wahl indirekt für ein neues Referendum abgestimmt haben, in dem sie mit großer Mehrheit der SNP (Schottische National Partei) ihre Stimme gegeben haben. Frau Sturgeon, die immer für ein neues Referendum eingestanden ist, hat nun einen starken Hebel gegenüber der Londoner Zentralregierung.

Aber eure *Eliten*, allen voran euer Premierminister Boris Johnson, wollen die Schotten und die Nordiren *nicht ziehen lassen*. Und da kommt der oben genannte Spruch zum Tragen. Der *Jupiter* Johnson hat mit allen Mitteln für den Brexit gekämpft, möchte jetzt aber den *Ochsen* (die schottische Bevölkerung) das Referendum verweigern. So viel englische Arroganz und Präpotenz darf sein bei den *englischen Eliten*.

Dazu möchte ich gerne eine passende (europäische) Geschichte erzählen, die sich vor gut hundert Jahren auf dem Kontinent abgespielt hat. Bis 1918 existierte bekanntlich der Vielvölkerstaat Österreich-Ungarn auf dem Kontinent; es herrschte ein *fast babylonisches Gemisch* an Völkern und Kulturen innerhalb des Kaiserreiches.

Schon früh im 19. Jahrhundert strebten viele Völker innerhalb Österreichs nach Unabhängigkeit, zumindest nach mehr Freiheiten innerhalb des Reiches. Leider verwehrte der von „Gottes Gnaden“ gesalbte Habsburger Kaiser Franz Josef I. alle Freiheitsbestrebungen seiner Völker und *Untertanen* und es erschallte daher bald der Ruf des österreichischen *Völkerkerkers* durch Europa.

Mit dem Kriegsende 1918 zerbrach die *Donaumonarchie* dann in unzählig viele Klein- und Kleinststaaten, unter der tatkräftigen Unterstützung der Siegermächte England, Frankreich sowie den USA. Frankreich und vor allem England unterstützten den Zerfall mit großer Freude, sollte doch vom Deutschen Reich sowie von Österreich-Ungarn *keine militärische und wirtschaftliche Gefahr* mehr ausgehen. Das alte englische „Teile und Herrsche“-Spiel funktionierte *wie ein bestens geölter Motor.* Fortan war England tatsächlich (noch) für ein paar Jahrzehnte das bekannte global mächtige „British Empire“.

Warum erzähle ich immer wieder „Geschichten aus der Geschichte“? Weil fast nichts, was heute passiert, nicht auch schon einen *historischen Vorläufer* hatte.

Die englische Elite hatte in der Vergangenheit immer das „Teile und Herrsche“-Spiel mit anderen betrieben, jetzt aber, da England selbst *vor der Zerreißprobe* steht, sollten Freiheitsbewegungen nicht mehr gelten. Es ist das sogenannte *zweierlei Maß*, das da betrieben wird und kann auch mit der englischen *Englishness* nicht begründet werden.

Zweierlei Maß ist wohl *die (alte) englische Maßeinheit*, mit der *die englische Elite* zwischen deren *Englishness* und anderen unterscheidet.

Rückkehr in die EU (später in die VSE)

„Sag niemals nie“ ist ein bekannter Spruch in der deutschen Sprache und bedeutet so viel wie niemand kann in die Zukunft sehen. In diesem Sinne, liebe junge Engländerinnen und Engländer hat das 21. Jahrhundert erst angefangen und in 80 Jahren kann viel passieren.

Vor kurzem habe ich einen sehr netten Artikel über den Berliner Mauerbau gelesen, der bekanntlich ja vor 60 Jahren stattgefunden hat. Die *undurchdringliche Mauer* war dann schon nach 28 Jahren (1989) wieder durchlöchert, der deutsche Wiedervereinigungsprozess war nach einem Jahr abgeschlossen (1990). In diesem Artikel sieht eine nette junge englisch/irische Journalistin, die in Berlin wohnt, gewisse Parallelen zur Brexitwahl und beschreibt, welche Gefühle wohl viele junge Engländerinnen und Engländer beschlichen haben mögen, als die Brexitwahl 2016 zu ihren Ungunsten ausgegangen ist. Statistiken sollen festgehalten haben, dass 72% der jungen Engländer für die Beibehaltung zur EU gestimmt haben. Nur die überwiegende Mehrheit der älteren Engländer stimmte für den Austritt. Die *gerontokratischen Eliten* bestimmten über die Zukunft der jungen Engländerinnen und Engländer und mauern sie ein.

Ich kann mir durchaus vorstellen, dass es in Zukunft zu einem neuerlichen Referendum kommen könnte. Damit meine ich zum Beispiel, dass eure (alten) Eliten den Weg, *den alle gehen müssen*, auch gehen werden und ihr daher zwangsläufig eure Mehrheiten zurückgewinnen könnt. Das braucht zwar ein paar Jahre (in Deutschland hat die *Berliner Ewigkeit* gerade mal 28 Jahre gedauert), aber wenn ihr die Rückkehr mit allen euren legalen Mitteln erkämpft, dann wird es euch gelingen, da bin ich mir sicher.

Ich empfehle auch die Abschaffung „der Krone“ und die Einführung eines einfachen Präsidentenamts. Das *erspart royalen Kummer und Sorgen* und ist auch *nicht erblich belastet*.

Auch die Änderung des vorhandenen Mehrheitswahlrechts zu einem Verhältniswahlrecht würde ausgleichend auf die englische Politik wirken.

13.0 SCHOTTLAND UND NORDIRLAND

In meinen vorherigen Büchern bin ich des Öfteren schon auf die aktuell schwierige Situation dieser beiden Regionen sowie die Ohnmacht vieler Schotten und Nordiren gegenüber den englischen Mehrheiten eingegangen. Ich kann verstehen, dass sich viele (vor allem die Jüngeren) mit versteckter (und teilweise offener) Wut gegen die *Londoner Regierung* auflehnen. Ich kann nachvollziehen, dass sie sich *fremdbestimmt von einem weitentfernten Gremium in einem Völkerkerker eingesperrt fühlen.*

Und es fühlt sich auch nicht richtig an, wenn die *englischen Eliten*, die von einem „Global Britain", also von einem *British Empire reloaded* träumen, gleichzeitig große Teile der Bevölkerung gegen deren Willen ihre Macht aufzwingen.

Die ganze Art der aktuellen englischen Regierung strömt einen *Geruch von Unterdrückung* aus, lässt einem den *imperialen Odem des kalten Kolonialismus im Nacken spüren.* Man hört mit jedem Satz die *näselnde Englishness arroganter „Sirs and Lords"*, die ihre überheblichen Erlasse von *Gottesgnadentum gesalbten Königen* erschallen lassen.

Es sind die Echos längst *vergangen geglaubter Untoten*, die bösen Alpträumen gleich *den Schlaf rauben lassen*.

Liebe junge Schotten und Nordiren, lasst nicht locker, kämpft um eure Freiheit, holt euch Unterstützung *vom Kontinent* und geht gemeinsam mit euren europäischen Freunden in die Zukunft. Die Zukunft gehört euch und nicht den (fast) *verblichenen Zombies* im englischen Unterhaus!

14.0 AUFRUF AN DEN COMMONWEALTH OF NATIONS

Der Commonwealth of Nations (kurz Commonwealth) ist ein Konstrukt aus dem *verblichenen* „British Empire“; Er sollte in gewisser Weise das Post-„British Empire“ abbilden, das nach der Unabhängigkeit der unterschiedlichen englischen Kolonien übrig geblieben ist.

Liebe Mitglieder/-innen des Commonwealth, ich spreche euch direkt an, weil ich der Überzeugung bin, dass euch das vorhandene Polit-Konstrukt nur vordergründig etwas nützt, weil ihr in weiterer Abhängigkeit von eurem ehemaligen Mutterland bleibt.

Das liegt einfach daran, und das wisst ihr auch, dass „die englische Krone“, momentan vertreten durch die Queen, nach wie vor eure oberste „Chefin“ im Staate ist, ihr also eine Monarchie bildet. Das ist a priori (noch) nichts Schlimmes; das (mögliche) Problem liegt etwas verborgen unter der öffentlichen Wahrnehmung. Würde die Queen ausschließlich nur das jeweilige Commonwealthland als Königin repräsentieren, und damit die Regierung gewissermaßen auch „kontrollieren“, dann wäre das auch gut so und würde keinen Anlass „zum Nachdenken“ geben.

Im Fall „der englischen Krone“ ist diese Position allerdings etwas differenziert zu sehen. Ich habe mich in den Kapiteln 9 und 10 recht ausführlich mit der Stellung sowie der Funktion „der englischen Krone“ beschäftigt und komme zur Schlussfolgerung, dass euch „die Krone“ mehr schadet als nützt.

„Die Krone“ ist nämlich im englischen Mutterland nicht unabhängig, sondern in sehr weitem Bereich *der verlängerte Arm der englischen Regierung*. „Die Krone“ ist in England also mitnichten *eine Kontrollinstanz*, sondern vielmehr *ein (sehr williger) Handlanger* der englischen Regierung.

Da „die Krone“ aber gleichzeitig auch *die oberste Politinstanz* in euren Ländern ist, regiert die englische Regierung in gewisser Weise in eure Regierung hinein. Eure Regierungen sind also von der englischen Regierung nicht unabhängig, sondern durchaus politisch beeinflusst.

Die Entscheidung liegt bei euch, Commonwealthländer, aber mir wäre unwohl, würde ich wissen, dass die von mir gewählte Regierung auch von anderer Seite beeinflussbar wäre. Bitte überlegt euch das ganz genau, ob ihr weiter am langen Zügel der Londoner Regierung sein und bleiben wollt.

Gerade die jetzige englische Regierung gibt genügend Anlass, Fragen zu diesem Polit-Konstrukt aufzuwerfen.

15.0 LITERATURVERZEICHNIS

Menschen, Bücher und Dokumente haben mir bei meinen Überlegungen zu diesem Buch geholfen. Es ist nichts neu, sondern oft nur *vergraben* und mittels moderner Medien nach oben geholt, oder manchmal hochgepoppt und dann wieder in der Versenkung verschwunden.

Die einzelnen genannten Zitategeber haben mir geholfen, mich in meinem Buch bei der Richtungsfindung zu unterstützen. Ich fühlte mich nicht so allein gelassen bei den Überlegungen.

Viele erste Informationen, Kenntnisse und Anregungen verdanke ich verschiedenen Lehrern im Gymnasium, die mich als Schüler mittels Diavorträgen und Erzählungen schon in frühester Jugend inspirierten, *die Welt und die Geschichte* zu erkunden. Ich fand die Fächer Geschichte und Geografie immer sehr interessant und bereichernd, der Schulatlas war mein ständiger Begleiter und Wissensschatz während der Schulzeit. Das gleiche gilt für Geschichtsbücher, die mich anregten, in die Geschichte einzutauchen.

In weiterer Folge durfte ich viele Auslandsreisen, beruflich wie privat, unternehmen und so lernte ich schon vor dieser Reise viele Länder kennen. Diverse Reiseführer und Sachbücher unterstützten die laufende Kenntniserweiterung. Persönliche Kontakte während meiner Auslandsprojekte öffneten meinen Meinungshorizont.

Neben Tageszeitungen und Wochenmagazinen wie der FAZ und dem Spiegel stehen natürlich die modernen Medien wie das Fernsehen und das Internet, die heutzutage praktisch alles finden lassen, wenn man nur lange genug recherchiert. Gute Dokumentationen auf Phoenix, ARD, ZDF, NTV wie zum Beispiel „ZDF History“ oder andere Geschichtssendungen öffnen jedem Interessierten die Welt der Vergangenheit, das „World-Wide-Web“ tut sein Übriges; Wikipedia steht nur beispielhaft für die schiere Vielzahl an gehaltvollen Online-Plattformen.